I0818417

Verso&Cuento

Con tal de verte volar

MIGUEL GANE

Edición especial décimo aniversario

revisada por el autor

Papel certificado por el Forest Stewardship Council®

Primera edición actualizada: noviembre de 2025

Travessera de Gràcia, 47-49. 08021 Barcelona

Diseño de colección: Penguin Random House Grupo Editorial

Printed in Spain - Impreso en España

ISBN: 978-84-03-52591-7
Depósito legal: B-16.376-2025

Impreso en Gómez Aparicio, S. L.,
Casarrubuelos (Madrid)

AG 2 5 9 1 7

A quienes hicieron de este libro
un cielo en el que volar.

PRÓLOGO

> El amor, como la suerte, llega cuando no lo llaman, nos instala en la confusión y se esfuma como niebla cuando intentamos retenerlo.
>
> Isabel Allende, *Afrodita*

Querido Miguel:

Parece mentira que se cumplan ya diez años desde que publicaras *Con tal de verte volar*, tu primer poemario que tantas satisfacciones te traería. Dieciocho ediciones avalan el impacto que causó ese libro, cómo calaste con tus versos y tus poemas y también cómo empezaste —y empezaron lectores, lectoras y editoriales— a creer en ti como autor.

Yo te rezaba, rozando el sacrilegio, desde años antes, cuando te empecé a leer en Twiter, te iba a escuchar en los garitos donde recitabas y me emocionaba con tu poesía irreverente, original y con la fuerza de quien cree que no tiene nada que perder, porque ya lo tiene todo perdido.

Recuerdo el día en que, después de llevar tiempo hablándonos —primero por la red social y después por Whatsapp— quedamos tras un recital tuyo y te regalé una libreta y te dije: llénala de poemas y después dámela; tienes futuro como poeta. Tú, sin mirarme a los ojos y con un derrotismo que te salía por los poros, me respondiste: lo haré, además tengo otras, pero es que mis padres esperan de mí que sea abogado. Te hice levantar la mirada y te contesté con contundencia: vas a ser abogado y lo que quieras, pero ya eres poeta y no lo podemos dejar aquí, en esas libretas que guardas, en la que vas a rellenarme o en lo que escribes en las redes sociales.

Te llevé en mi coche a Gran Vía. Eras un crío que no sabía que en su interior existía, desde hacía mucho tiempo, un autor, un escritor y de los buenos. No pude evitar una sonrisa cuando, al bajarte del coche, observé cómo por detrás de tu pantalón vaquero te asomaron unos calzoncillos rojos que, en ese momento vi, que te definían bastante en muchos sentidos. Ya sabes que siempre veo señales y metáforas allá donde mire…

Tiempo después nos presentamos juntos en la calle Luchana, 23, en las oficinas de Penguin Random House de Madrid. Aguilar estaba comenzando con un nuevo sello: Verso & cuento. Allí nos recibieron Mónica Adán —quien luego sería tu editora— y Pablo Álvarez. A partir de ahí comenzó todo. El engranaje empezó a moverse y a funcionar.

Se inició una aventura maravillosa que para ti era el inicio de tu faceta como autor profesional y para mí, un regalo de la vida; poder «llevar» y aconsejar —no sólo literariamente hablando y montando estrategias de marketing y difusión de tu obra, sino también vitalmente— a un joven muchacho al que «adopté» y pasó a ser parte de mi familia.

Me leí *Con tal de verte volar* antes de presentárselo a tu editora, Mónica Adán. Me lo leí después de la edición. Volví a leerlo cuando lo presentamos. Lo he leído tantas veces y he hecho tan diferentes lecturas… era maravilloso ver cómo rompías esquemas, tabúes y filtrabas poco —y a veces nada— en tus poemas. También cómo te desangrabas con una poesía nueva y fresca y cómo trasgredías las normas poéticas y las sociales.

Ahora, después de diez años, vuelvo a leer ese primer poemario tuyo y me relamo con deleite al ver cómo fuiste capaz de escribir, con esas alas y ese cielo, lo bueno que fue y sigue siendo —literariamente hablando—, pero también sabiendo lo que en este tiempo has crecido, avanzado y madurado como autor y también como persona, aunque tu esencia de George Mihaita Gane permanezca en el Miguel Gane que todos conocemos y admiramos.

En estos años has escrito cinco poemarios, dos novelas, un libro para niños (y no tanto), has terminado tu doble carrera universitaria, has hecho dos másteres y has vivido mucho, sobre todo, porque tú necesitas la vida y todas las experiencias del mundo para seguir escribiendo y regalando a tus lectores lo mejor de ti.

Has trabajado mucho para ser mejor autor. Te has atormentado mucho para creerte peor autor. Has leído mucho para aprender de los grandes y también de los mediocres, para no serlo.

Yo mientras me esforzaba en intentar sacar lo mejor de ti en todos los sentidos. En reuniones con la editorial para optimizar todo lo posible tu carrera. En escuchar tu rugir de entrañas, cuando las cosas creías que pintaban feas. Siempre atenta a tus despertares y a tus desesperares. Pero sabiendo que tú podías y que tú eras el auténtico protagonista de esta maravillosa historia que comenzaste siendo un crío y que prosiguió con este primer poemario: *Con tal de verte volar*, que escribías para perdurar, porque lo tuyo nunca fue un capricho, más bien todo lo contrario, una obligación que debías y querías cumplir, exigiéndote el doscientos por cien.

Te decía que has mejorado como autor, pero así también has hecho mejorar a tus lectores que se agarraron a este *Con tal de verte volar* como se agarra un náufrago a una tabla en mitad del océano y termina construyendo una pequeña embarcación para salvarse de sus propios bombardeos.

Escribes sobre un sentimiento porque lo has vivido.

Escribes sobre una causa social porque crees en ella.

Escribes sobre el amor y el desamor porque has estado o estás enamorado y porque has perdido o has dejado que alguien pierda.

Escribiste *Con tal de verte volar*, hace diez años, porque querías homenajear a las alas de la mujer libre y oírlas batir, aunque eso supusiera un dolor agudo e insufrible en ti. Pero antes de ti mismo, estaba ella, quien inspiró versos y poemas y de quien querías despedirte para curar una herida, aunque hayas seguido abriendo otras. Porque querías que ella, y todas las mujeres que se vieran reflejadas en tus poemas, tuvieran una luz como el sol e iluminaran tu camino.

También porque, como tú mismo dijiste, no sabías fabricar bombas nucleares y algo tenías que lanzarle.

Mi querido Mihaita, quiero que sigas reivindicándote en todas tus facetas, que sigas creciendo como hasta ahora, que tu obra perdure —estoy segura de eso—, que sigas, cada día, comenzando desde abajo, como esos «Héroes de la clase obrera del amor» con el que abrías este tu primer poemario.

Yo, como escribí en ese primer prólogo para este tu primer libro, te sigo dando las gracias por haberme regalado, a mí también, las alas y hacerme sentir como la diosa Niké: victoriosa en la batalla.

Pero también te he dicho que es hora de que vueles libre. Yo te suelto de la mano para que dirijas tu vuelo allí donde se escucha el grito de libertad plena. Que sepas que también sonrío porque «sé que estás por ahí, pareciéndote al sol, siendo mi luz».

Pero es que yo, mi queridísimo Miguel, con tal de verte volar...

Te quiero,
Marisa.

MARISA MARTÍN-BLÁZQUEZ
Periodista

El amor es como un puente
por el cual te tiras sin cuerda,
y alguien,
en el último momento
te agarra del brazo
y te dice:
«ven, quédate».

INTRODUCCIÓN A UN LIBRO DE AMOR

Recibiría bombas nucleares
por ti.

HÉROES DE LA CLASE OBRERA DEL AMOR

Voy a contar mi historia desde la perspectiva del hombre que creyó tenerlo todo y al que todo se le esfumó como se esfuma la infancia: con nostalgia. Tú tienes tu versión de los hechos y yo tengo los poemas. No te pido que te fíes de mí, pues tengo mentiras a la espalda que me van a pesar toda la vida, pero sí que me agarres de la mano, que sientas un mínimo de lo que yo llegué a sentir, que te veas con mis ojos y que me des la oportunidad de hablarte sobre todo lo que dejamos de ganar los dos, ya que eso, tal vez, sea lo único en lo que nuestras versiones coincidan.

Este comienzo significa plantarle cara al pasado, tirar la moneda aun sabiendo que voy a perder, porque el amor que yo viví fue eso, perder y perderse con alguien y por alguien y saber que merecerá el camino. Fuiste tú porque tuvimos motivos para hacer del mundo, de nuestro mundo, un lugar mejor en donde nos señalaran con el dedo y dijeran: «Son ellos, son ellos aquellos que han podido con todo; se están queriendo como si mañana fueran a morirse». Nosotros empezamos desde abajo —fuimos algo así como los héroes de la clase obrera del amor—, y llegamos tan alto, tan alto...

No entendí de lo que me hablabas cuando decías que aquello era irreal, que aquello era distancia, que aquello no iba a ir a más. Estaba en mi mundo y créeme que había espacio para dos, y el espacio es cercanía, y la cercanía es piel, y la piel nunca se olvida. Eso me ha enseñado el tiempo, porque a pesar de haberlo visto una sola vez, reconocería tu lunar entre millones.

Si de los errores se aprende, contigo me saqué un doctorado. Sé que pequé de infantil muchas veces, fui más niño de lo que la madurez me permitía, fui desconfiado a pesar de ser tú mi propia sombra, fui frío cuando tú necesitabas calor, te hice daño cuando tú me pedías caricias, busqué la discusión y el conflicto, y lo peor de todo es que no hubo cama que nos solucionara. Fallé, sí, pero no supe hacer las cosas mejor. Entré jugando en Primera cuando mis cualidades eran de Segunda, y lo hice sólo por poder estar en tu equipo. Puedes acusarme de muchas cosas, ambos lo sabemos, pero no quiero que digas que tuve miedo, que no lo intenté, porque no es cierto.

Hay cosas que no me voy a perdonar nunca, ya te lo dije a ti, ya lo dije en los poemas —no debí decirlo en los poemas—. Fui y sigo siendo un bocazas. Tan sólo me salva la sinceridad. Es algo innato el hecho de querer gritarlo todo —tú bien sabes que me han tenido callado durante toda mi vida—, y no te voy a reprochar que no supieras escucharme o entenderme, al contrario, quiero agradecerte la paciencia, el intento y el abrazo.

UN TIPO SENCILLO

No tengo nada de lo que presumir
pues lo que viví hasta dar contigo
fue tan monótono como
una espera en el dentista.

Ya ves,
hijo de inmigrantes rumanos,
estudiante con tendencias hiperactivas,
1,70 miedos de altura,
68 kilos de inseguridades —por aquel entonces—,
19 años de supervivencia —por aquel entonces—,
de izquierdas,
algo tímido,
demasiado soñador
y con un funcionamiento
demasiado normal para lo lejos que estaban
mis metas.

Me había enamorado un par de veces,
aunque no sé si hago bien en llamarlo amor.

Más bien fueron encuentros
que me sembraron alas,
aunque si algo supe siempre,
es que no me enseñarían a volar.

Era el típico tipo sencillo
con alegrías sencillas:
estrenar calcetines,
encontrar asiento en el metro en hora punta,
pillar algún descuento en pizzas...

No hay decepción más grande
que convertirte en la persona que odiarías ser.

Y yo estaba haciendo eso
estaba enfocando por ese camino,
hasta que
llegaste tú,
de repente.

Como cuando te impacta una bala
—tú eras la pistola—,

y no sabes cómo
—pero menos mal—,

y no sabes por dónde
— pero no te vi venir—,

y no sabes por qué
—aunque nos sobraron los motivos—,
y no sabes por quién,
—sólo sé que contigo—.

El resto
fue lo que unos llamarían amor,
otros locura
y yo estoy en el bando de los que piensan
que se renace
cada vez que surge algo
o alguien
que nos hace salir del fango.
Por eso siempre he dicho
que junto a ti
viví el primer día de mi vida.

SON COSAS QUE PASAN (I)

Sé que va a salir mal. Llegará el momento en el cual nos acabemos y ninguno de los dos estará preparado para la despedida. Soy pesimista por naturaleza y eso no hay quien lo cambie. Ya sé que tocaremos un punto del camino en el cual tú te vayas por ese lado, yo me vaya por aquel otro. Alguno de los dos mirará para atrás, claro. Eso siempre pasa. Qué quieres que te diga, me dolerá ver que no estás. El suspiro ahogará el grito y, por X o por Z, ninguno de los dos se atreverá a darse la vuelta. Nos decidiremos por callarnos. Es demasiado triste, lo sé.

Mira, el amor es algo vivo y, como todas las cosas vivas, alguna vez tiene que morir, a pesar de que existan situaciones en las que nos creamos inmortales. Ya ves, hay besos en los cuales querrías vivir para siempre.

Yo te voy a querer, eso es algo indudable. Tú, por tu parte, también lo harás. Nos amaremos como locos, como jóvenes que no quieren llegar nunca a viejos. Y será bonito. Tengo la esperanza de que algo tuyo se quede dentro de mí hasta el día en el que cierre los ojos; pero debes saber que, poco a poco, dejaré de amarte. Me volveré viejo. Me saldrán canas y arrugas junto a otras personas. A ti también te pasará. Volveré a amar a otra mujer, de eso estoy seguro, incluso puede que más de lo que te amé a ti. Dejaré de recordar tus manías, tus manos, tus miradas o tu olor. Algo que una vez ardió en mí de una manera intensa se apagará con el paso del tiempo y las cenizas volarán sin que yo pueda hacer nada para retenerlas.

Todo esto es lo que pasa. Siempre. Nosotros no seremos los primeros ni los últimos. Las aceras están repletas de gente que lo ha perdido todo y el cielo demasiado lleno de seres que no tienen nada. No podemos luchar contra eso, pero sí que está en nuestras manos ser valientes. Ahora que estamos enteros, ahora que no sabemos nada de esto excepto que habrá un final, debemos gritarnos las cosas que siempre callamos, batallar a aquello que venga, besarnos hasta gastarnos y querernos para no olvidarnos.

Sé que va a salir mal y no me importa. Lo único que me hace feliz ahora mismo es sabernos al principio del camino y sonrío porque no sé lo que durará; pero tengo la certeza plena de que, de algún modo estaremos juntos hasta el final.

Por lo que vendrá y por lo que tenemos.
Tuyo.

TE QUIERO LIBRE

Sólo seré capaz de amarte si llevamos la libertad por bandera, si los dos soplamos el mismo viento. No concibo el amor de otra forma que no se sea viéndote volar entre miles, millones de mujeres, pero siempre escogiendo tus alas, aun siendo consciente de que puedo tener las de otras.

A ti te quiero libre. Quiero que elijas tu propio cielo. Quiero que siempre sientas la libertad de hacer aquello que más te llena sin tener presentes las consecuencias. Si lo quieres, hazlo. Si sientes la necesidad de otros labios, pruébalos. Si sientes el deseo de otra piel, cúmplelo. No quiero encadenarte con mis condiciones, no quiero imponerte mis motivos, no debes sentir que tienes una obligación conmigo. Ha de ser tuya, tuya y solamente tuya la libertad de escoger siempre mis labios, siempre mi piel. Quiero que lo hagas sólo porque sientas que no existe un ahora si no es junto a mí, que no existe un mañana en el cual yo no aparezca haciéndote reír. Es tan sencillo como esto. No quiero que nos amemos de otra forma. No quiero un amor que se convierta en dependencia emocional, donde los celos, las explicaciones y el control no causen más que daño, un daño tan irreparable como romper los pétalos de cualquier flor. Yo te quiero entera.

El amor siempre ha sido libre. Han sido ellos los que lo han encarcelado y le han impuesto obligaciones; le han dicho que si estás conmigo, no quiero que mires a otro, no quiero que hables con otro, no quiero que te tomes una copa con otro. Yo no quiero estas cadenas. Tú eres libre de sentir, de necesitar y desear, y hay que ser muy ruin para juzgar a una persona que simplemente ha hecho eso, lo que le ha dado la gana. Y mira, si llega un día en cual sientas que ya no quieres compartirlos todos conmigo, tan sólo te pediré que me lo digas, lo aceptaré sin reproches, sin porqués. Así es la vida, son cosas que pasan y, si no es contigo, será con otra persona, o tal vez sea solo. Pero lo que no podré cargar a mi espalda es el hecho de que hayas perdido tu tiempo conmigo por obligación, por temor a llegar a hacerme daño si echas a volar hacia otro árbol y abandonas el mío.

Estará en tus manos, y sólo en tus manos, el querer agarrar las mías. Yo solamente puedo prometerte una cosa: las cuidaré. Cuidaré todo lo que me entregas y lo protegeré como si fuera lo único que tengo en el mundo, mi pequeño tesoro lleno de cosas que te pertenecen, que has decidido compartir conmigo. Puedes estar segura de ello.

Confía y salta, te espero abajo.

Con los brazos abiertos.

AMAR
SIN
CAMBIAR.

PUZLES

Todos mis barcos anclados en tus costas
porque prefiero someterme a la tierra que tú pisas
antes que dominar el mar
con el viento de cualquier otra.

Me engancho a tus cuerdas
porque eres la única que conoce mi camino.
Las piedras que nos encontremos
las convertirás en flores.

La razón pa' ellos,
el corazón para nosotros.

Te puse mis heridas en primera plana
y lo que hacías con la boca
sí que era de película.
Estuve jodido, ahí en el suelo,
y viniste tú a darles alas
a mis cicatrices.

Como cada noche,
contándote estrellas en la espalda,
cartografiándote lunares,
aprendí que aquello que oculta el cielo
se encuentra escondido en la piel.

Eres tú, lo sé, porque hasta ahora
todas han querido parar mi lluvia,
enseñarme el sol,
pero ninguna intentó amar mis gotas.

Te escribo poemas mientras duermes
pa' aprender tus sueños
verso a beso.

Que si cada persona
es un mundo,
el mío lo habitas tú.

Cada madrugada que nos pilla hablando
de las cosas que nos quedan por hacer,

los planes con nombre propio,
ver Lisboa,
las playas de Sur,
los bares que nos esperan...,

tú te enciendes uno
y dices que no me preocupe,
que lo deje todo en tus manos,
que no tienes ni idea de lo que hacer con ello
pero que de eso trata:
de aprender a colocar mis piezas en las tuyas
después de equivocarnos tantas veces.

Tal vez el mundo necesite
menos excusas pa' follar
y más razones para amar.

La reina de la jungla no lleva corona,
lleva encaje negro
y la veo desayunar cada mañana
tostadas en mi cocina.

He hecho lo que he podido
para no dañar a nadie
y he sido el peor parado en toda esa mierda.
Me he tragado palabras mezcladas con lágrimas
por quienes sólo merecían mi silencio.
Ahora lo bueno me toca a mí,
porque has venido agarrando de la mano
todo aquello a lo que yo tenía miedo:

a sentir con alguien
todo lo que no sentí con nadie.

E-VE-REST

No busco a alguien a quien querer,
quiero a alguien junto a quien encontrarme.
Lo nuestro no será el beso estándar
sino el beso revolución;
no quiero tu amor,
tampoco tú vas a querer el mío,
pero vamos a entregárnoslo
con la humildad de unas manos vacías,
porque el amor es eso:
la libertad de compartir tu libertad.

No quiero un cuerpo,
quiero un alma,
un alma viva, loca y salvaje.
No busco el río,
quiero el océano.
No busco la llama,
quiero la hoguera.
No busco un camino,
quiero la tierra entera:
nadar, arder y correr contigo.

Busco a una mujer junto a la que rescatar ballenas,
juntar mi guerra y su guerra y entregarnos las armas
cada noche.
Busco la poesía que hay en un folio en blanco,
el rock and roll detrás del silencio.
Contigo quiero contagiarme de risa y sueños,
bailar hasta que los pies me duelan,
pero seguir y seguir y que nunca deje de sonar la música.
Esa es mi locura y estas son mis ganas de compartirla
contigo.

Quiero que salvar al mundo nos importe más que una
cena de lujo,
quiero querer a la persona
que hay detrás de tu piel,
busco ser todas tus noches y tus mañanas,
la ilusión de verte después del trabajo
y meterte mano, boca y corazón.
Quiero parar el tiempo contigo a ritmo de carcajada.

No esperes que te diga que te quiero,
no prometo pasear de la mano,
no vamos a ver películas en tu sofá los domingos,
las flores las quiero vivas y no como símbolo de amor,
no me aprenderé tu fecha de cumpleaños,

no te llamaré todos los días,
pero prometo mirarte como si fueras el libro que
siempre quise.

Prometo aprender de ti y aprender contigo.

Compartiré tu tristeza, pues también es bella una
lágrima,
conoceré a la niña y querré sus rabietas,
cualquier rato contigo será como estar de vacaciones.

Quiero que me quieras por lo que soy,
no por lo que escribo.

Busco a alguien
y no pido mucho,
pues, ya ves, yo soy poca cosa
pero junto a ti, contigo, por ti,
seré la puta montaña

mundo.
del
alta
más

LOCOS

No sé las veces que has bailado sola
las canciones para dos,
no sé si te pesan más las heridas
que las alas,
no sé dónde ni qué,
tampoco sé cómo,
pero sí sé que contigo.

No sé tus motivos, no sé tus razones,
sólo sé que tu olor se ha quedado a fuego en mi piel
y ahora no quiero dejar de arder
a ti.

No sé hasta dónde estás dispuesta a llegar
pero te veo dándolo todo
por los tuyos,
y sé que no nos fallaremos, nena.

No sé si al pensar en mí
te sobra la ropa y te faltan mis manos,
no sé cuál es tu lado de la cama
pero sé que quiero tumbarme en todas contigo,
no sé por quién has muerto
pero créeme que no mereció la vida.

No sé si las madrugadas en tu coche,
no sé si los paseos por Madrid,
no sé si los bares, si la gente,
si las terrazas
sé que en todos quiero perderme
y en ninguno sin ti.

No sé qué talla de ropa usas,
pero te aseguro que mis camisas te quedarían mejor a ti.

No sé si por los domingos,
pero quiero tu sofá con bocas de película.
No sé si es por volvernos niños al jugar,
es por reír a carcajadas,
por medir el dolor de tripa en carcajadas,
pero cómo te brillan los ojos,
cómo enganchan tus hoyuelos.

No sé si alguna vez te has quedado viviendo en algún «ojalá»,
si recuerdas algún que otro «siempre»,
o te arrepientes de algún «nunca» que dijiste.
No sé si has soñado con alguien
pero yo te estoy cumpliendo.
No sé si has llorado por alguien,
pero conmigo te estás riendo.
Y aunque sólo sea un poema mal escrito,
con demasiados tachones y más de mil garabatos,
este verso pasado por demasiados labios
siempre fue en busca de los tuyos
y, a pesar de haberlos encontrado tarde,
llegamos a tiempo para la vida.

No sé qué opinas sobre la crisis mundial,
pero la revolución empezó contigo en bragas.

Ya ves,
casi no sé nada sobre ti,
pero no te preocupes,
tampoco sabía nada de mí
hasta que di contigo.

Ahora ven,
nena,
dame la mano,
que tú y yo vamos a arrasar con todo.

EXCUSATIO NON PETITA

Es de las descaradas que no preguntan
por la salud
después del beso,
de las que abraza antes de la tormenta
y se moja contigo después de ella,
de las que no se olvidan
ni bebiéndose todos los garitos de Madrid,
la de los besos guarros
y las sonrisas tímidas
que preceden a los besos guarros.

La valiente
que se deja llevar, sin preguntar,
por la cabeza,
contestando siempre con el corazón.
La sinvergüenza que grita
«¡Viva!»
cuando alguno se muere por ella,
por querer tocarla.

Es la madre de todos los pecados,
el alma de todos los bares.

Ella,
el cuerpo del delito.

Yo,
condenado a cadena perpetua.

Entre ella y la noche
hay un pacto de sol:
cada vez que sonríe,
en algún lugar del mundo
amanece.

Ella responde bailando
cuando todo está en duda.
Ella da el siguiente paso
sin saber lo que hay delante,
sin pensar en la caída.
Ella es
la que sale a la luz
cuando todo está apagado.

Con tantas alas a la espalda
y solamente quiere el infierno mío.
Con la que «Un poco más»
significa quererlo todo.

Por la que sale el sol
en cada poema,
de la que te acuerdas sin motivo,
de repente,
porque sí,
por la que sabes que tienes que hacer lo imposible
para que quiera quedarse
siempre.
A la que sólo le valen las historias,
la que está cansada de los cuentos.

Te hablo de ella en versos
porque quiero que conozcas sus medidas,
sus cuartetos,
porque me confieso culpable de querer quererla
más allá de las metáforas.

Después de la tormenta
viene su cama
y ya no hay lugar para la poesía.

Ella es eso:
motivos para dejar de buscar.

MOTIVO (I)

Ella es caótica e impredecible.
Nunca sabes si te va a amar o te odiará,
si va a huir o te pedirá que no te vayas nunca.
Y es por eso por lo que hay que amarla:
porque en sus idas y venidas
puede ofrecértelo todo
o dejarte sin nada.
Tiene una tristeza que duele,
sin embargo
no he visto a nadie, jamás,
reírse tan fuerte de la vida.
Por eso la amé,
porque era lo más parecido a la felicidad
que había encontrado.

MOTIVO (II)

Yo la conocí así:
llena de miedos,
con el corazón roto
guardado en una caja,
bajo la clave del
«yo no soy de nadie,
ni siquiera mía»,
huyendo siempre de la herida del amor,
vistiendo de largo su corazón.
La conocí sabiendo que llegaría el invierno
y que sería largo
y que era valiente.
Sola.

Entre todo su dolor,
camuflado en labios rojos
y faldas cortas,
sexos de usar y tirar,

me atreví yo a dejar mis ojalás
y el ideal de mi «nosotros»
aún sabiendo que los perdía.
Que me perdía.

Y mereció la pena;

y no me arrepiento
de
nada.

MOTIVO (III)

Estás loca.
Hay que estar realmente loca
para querer perder la cabeza
de esa forma tan auténticamente salvaje
con alguien
o por alguien
que no es capaz
de cuidar la suya propia.

Eres
valientemente suicida,
atrevidamente kamikaze,
y lo único que te atrae de la vida
es estrellar tu muerte contra el amor
de algo
o de alguien.

Querer es mucho más importante
que las consecuencias.

Y qué guapa estás
sonriendo a pedazos;
y qué idiota fui
al querer
reconstruirte.

MOTIVO (IV)

Dentro de ella
aún resuena el portazo
de aquel que se fue porque no supo cómo quedarse.
Y es que ella es eso,
todo un caos de opciones,
todo un mundo de preguntas.
Si a las palabras se las lleva el viento,
por su cama, cada noche, arrasa un huracán.
Se rinde
de vez en cuando, sí,
pero la he visto luchar como nadie.
Tiene esa forma tan auténtica
de ser salvaje
que cada vez que abre la boca
alguien sale herido.
Tan equilibrista por el hilo del amor, a veces,
tan segura de caerse, otras tantas.
Ha querido a ciegas
a quienes tenían miedo a la luz
y a pesar de eso sigue brillando cuando ríe,

sigue riendo cuando besa,
sigue besando sin motivos.
He pasado tantas noches en su pelo
que mis sueños olían a caricias,
la toqué tan hondo
que me convertí en el epicentro de su herida
más profunda.
Ella puede con todo este silencio
que ha dejado el portazo.
Es alocadamente fuerte, utópicamente infranqueable,
y lo único que le importa
es que el rock and roll suene más fuerte,
manchar la boca de otro cigarro,
una cerveza y para casa
—de alguien—,
para echar de menos.

Echar mucho de menos.

MOTIVO (V)

Cuando el mundo está por los suelos
tú vuelas.
Cuando hay más miedo que esperanza
tú amas.
Cuando hay más lágrimas que sonrisas
tú besas.

Así eres,
tan inexplicable
—tú no quieres
que te entiendan,
tú quieres
que te descifren—,
tan sinsentido
—tú no quieres
que te amen,

tú quieres
ser inolvidable—,
que ahí está toda
tu magia.

Y yo me la creo,
me la creo hasta los huesos.

Así eres,
tan inexplicable:

Tú no quieres que te
entiendan
tú quieres que te descifren.

MOTIVO (VI)

Con ella,
todo es caos y locura.
Sin ella,
todo es monotonía y aburrimiento.
Tiene eso,
ese pasado
del cual es alumna ejemplar.
No sabe lo que quiere
pero está dispuesta
a conseguirlo
todo.
Ella no está rota,
tan sólo
la veo cada día reconstruirse
por pedazos.
Es eso lo que me gusta:
cada vez que lucha
por algo,
no para hasta conseguirlo.

Así camina, así es,
dando todo
y sin pedir nada.

Y a mí me lo dio.
Y me lo sigue dando.
Y cómo lo quiero.

Nunca vi a nadie
dando tanto
sin pedir nada
a cambio.

MOTIVO (VII)

Ella no besa,
ella cose mis heridas
con la boca.
Ella no abraza,
ella hace suyas
mis cicatrices.
Ella no acaricia,
ella rompe miedos
y barreras.
Ella no quiere,
ella hace
que el resto del mundo
deje de importar.
Ella no corre,
tan sólo le busca el sentido
a la vida.
Ella no dispara balas,
pero tiene un cañón en la mirada.

Y así comenzó todo:
de la nada.
Cómo de grandes llegamos a ser,
aunque ninguno de los dos
estaba a la altura.

MOTIVO (VIII)

Tal vez sea por las maneras de tu risa,
o por la exclusividad
de tus ojos chinos,
o tal vez la alquimia que hay en tus besos mágicos.
Quizás tus hoyuelos me pervierten tanto
que no soy capaz de pensar en otra cosa
que no sea en meterle mano a tu sonrisa.

No sé si es el vals de tu falda corta,
tampoco si es la música de tu cintura
—ojalá no dejes de sonar nunca—,
no sé si lo que busco
está en tu espalda
—tú siempre escondes todos los tesoros
en formato lunar—,
o quizás todo es mucho más simple
y la clave que busco se esconda
en tu poesía.
La que eres, quiero decir.

Entera, eres
la incógnita perfecta,
la pregunta que jamás tendrá respuesta,
y aunque existiera
nunca querría conocerla.

Todo es tan sencillo,
tan simple que no sé, realmente,
qué es aquello que tienes,
pero ojalá
no dejes de tenerlo
nunca.

POR ESO TÚ

Por lo que haces cuando esto está parado: ponerlo a cien.
Por lo que eres cuando no hay nadie aquí: todo.
Porque me sobra el mundo
cada vez que tú sonríes.
Porque el plan perfecto contigo es improvisar.
Por las veces que nos olvidamos de lo que hay fuera
y somos el refugio de aquí dentro;
por las veces que no hay nada más que dos:
yo por ti y tú por mí,
eso es lo que cuenta.
Por tu boca,
por lo que haces con tu boca.
Por la vida,
la que me das, digo.
De entre todas las mujeres,
donde sea,
sólo me quedo contigo.
Por lo que soy cuando te miro: un espectador.
Por tu coche,
por los asientos traseros de tu coche,

las hamburguesas de un pavo
a las tres de la mañana,
por la ciudad que apagamos
cada vez que nos encendemos,
por todos esos culos que pasan por delante
mientras a mí sólo me llama el tuyo.
Partidario de acercarme siempre
a las personas frías
porque en ellas se oculta
el mejor fuego.
Por lo fácil que lo haces
siempre,
porque te sabes mis silencios:
que si me quedo callado cuando te miro
es porque me sobran las palabras,
no porque me falten.
Por los ratos que te pones niña,
porque hay miles de motivos
cuando empiezas juguetona,
por lo que enganchan tus hoyuelos,
por las veces que me quedo colgado
y nunca me caigo
porque nos sujetas a los dos,
por tus faldas que son mini,

por las ganas con las que te tomas
el tiempo juntos,
porque te has atrevido conmigo
aun sabiéndome peligro,
porque me enseñas que lo importante
no está en lo que quiero
sino en lo que tengo.
Por estar con las cuerdas tendidas
siempre que necesito un cable,
por lo que somos,
que nadie nos lo quite,
tú estás conmigo en todas,
y por eso tú,
por ser la razón
que a mí me falta,
por ser el corazón

cuando nada más late.

CHAQUETA VAQUERA

Ella es una de esas chicas
que va con prisa a todas partes
y siempre llega tarde.
Una de esas que nunca acierta
cómo vestirse para salir a la calle
y no pasar ni frío ni calor,
una que lleva escritos en la mirada
todos los inviernos que ha pasado sola,
que anda descalza por sus recuerdos
sin miedo a cortarse con sus monstruos.
Una mujer que se viste de valentía
para ocultarme entre sus miedos.
Se ve preciosa cuando el viento la despeina
y sonríe a gota limpia cuando
le pilla la lluvia en pleno Madrid sin paraguas.

Es una chica desastre,
que siempre tiene mil cosas por hacer y en
cambio,
ella prefiere escribir.
Puede con todo salvo con ella misma,
es la que nunca llega a tiempo a coger el Metro
o la vida,
la que lleva ya muchos catorces de Febrero
esperando que alguien venga y le diga:
«Tranquila, nena, yo también tengo miedo,
pero a tu lado me siento tan tan valiente...».
Es una de esas que nunca sabe lo que quiere,
pero está dispuesta a conseguirlo todo.
Oculta sus ojeras con maquillaje,
y sus lágrimas son lo único que le espera
cada noche
en la almohada.
Ella es la que ha enamorado al insomnio
en un poema a primera vista,
ella es la golfa de la que habla Extremoduro.

Ella es la única capaz de enamorar a alguien
en lunes
con tan sólo un beso certero,
es capaz de aprenderse de memoria
tus lunares más ocultos,
de descifrar tu piel más tuya.
Es la que pasa por delante de ti
y es imposible no mirarle el culo,
una de esas que vive con su gato
y tiene la nevera llena de cervezas
y la cabeza de bocas con quien tomárselas,
pero el corazón vacío de gente que merezca sus penas.
La que siempre pierde uno de sus guantes en invierno,
la que mata los cigarros,
la que juró una vez
que jamás se enamoraría de un poeta.
Ella es la que convierte al silencio de una calle vacía
en cualquier madrugada,
en la canción más hermosa del mundo,
solamente con el ruido de sus tacones.
Es la única capaz de calentar enero cuando se muerde
el labio inferior,
es la que siempre se enamora del más cabrón de todos
y se desenamora con cualquiera, cada noche,

después de varias copas.
Es el caos de un «te quiero» nunca dicho
y son suyos aquellos ojos de gata que han enamorado
a la luna.

Pero ella no es mía,
aunque yo siempre seré suyo.

Hasta el último aliento.

EL PUTO MIEDO

Si no te atreves a compartir tu tiempo con la persona que te paró el reloj desde la primera vez que la escuchaste reír, eres gilipollas. Si no eres capaz de bailar con quien te ha enseñado lo que es la música, eres un cobarde. Y el cementerio está lleno de cobardes. Y a los muertos de miedo nadie les lleva flores.

Lo único que conseguirás teniendo miedo es lamentarte mañana de lo que no has sabido valorar hoy. No quieras llegar a viejo y cargar con el peso del «Qué hubiera pasado sí...», que tirarse de cabeza y corazón es una locura, sí, pero no hacerlo por si el golpe es fuerte es una estupidez. Apúntatelo.

No tengas miedo. El miedo al amor es el mayor miedo que conozco. Cuando encuentres a la persona que te haga ver el querer como valentía y no como temor, será cuando sonrías como nunca lo has hecho. Y te darás cuenta de ese campo de nubes que brilla en tus ojos. No me entiendas mal, no digo que tu felicidad tenga que depender de una persona, tan sólo digo que la sonrisa es como una línea curva, que empieza en tu boca y será mucho más larga si acaba en la de alguien. Dicen que compartir es vivir. Y no hay nada mejor que compartir recuerdos con quien te ha enseñado todo lo que hay más allá del miedo a la derrota que supone el olvido.

Estoy cansado de escuchar que lo dejaste ir porque empezó a gustarte demasiado. A veces somos tan tontos que cavamos nuestra propia tumba y presumimos de ello. Mira, si ya de por sí es difícil dar con la persona que es capaz de llenarte, no te quiero contar cómo será cuando te ahogues en tu propio miedo a respirar sola.

No vas a tener nada que perder. Nunca. El amor te hará cosquillas y el desamor te hará más fuerte. Esto es así. La vida son lecciones y, aunque haya veces que no nos guste ir a clase, días grises, ya tú sabes, siempre puede haber una compañera que le dé sentido a la mañana, que haga salir sol cada vez que ríe. Dar el primer paso cuesta, pero nunca, con ninguna otra cosa, sentirás que vuelas tan alto como se consigue queriendo. Créeme, el cielo es mucho más demócrata si se comparten alas.

Con esto no quiero decirte que no sientas miedo, porque todos lo sentimos. Lo que pretendo es que te atrevas, que seas valiente, porque quedamos muy pocos, los que somos capaces de arrasar a la razón cuando el corazón compite.

¿Me entiendes?

EL MUNDO EN LLAMAS

Tengo un corazón que no me sirve,
más que para recordar otoños
en tu habitación.

MARTA ESPINOSA

En primera fila,
en el asiento delantero de ese bus hacia ninguna parte,
aunque contigo.
Tú no saltabas,
tú volabas a ras de suelo.
Mira qué alas,
mira qué vuelo de falda.
Me he perdido tanto de tu camino
que ahora sólo quiero verte en futuro.
No he estado ciego,
tan sólo es que no quería otra mujer
que no tuviera que ver contigo;
mira qué alas,
mira qué vuelo de falda.

Todo este tiempo sin nada que contar
y ahora me sobran las palabras.
Tengo los poemas en modo aleatorio
cada vez que me tocas tú,
mi voz, contigo, grita
todo lo que calló con otras,
y eso es lo que cuenta.
Y no queremos más mundo
cuando quiero besar toda esa revolución que tienes
en el pecho.
Mira qué alas,
mira qué vuelo de falda.
La parte de ti que hay aquí dentro de mi viaje,
ocupa más de lo que yo entiendo por física y espacio,
somos el complemento directo de un mundo falto
de literatura,
cada beso es una razón,
y cada razón es un paso hacia delante.
Contigo aprendo a correr,
por ti me adelanto al tiempo
y llego a quererte con la puntualidad en las manos,
y tú me dices que siempre acierto cuando te beso.
Mírate, la chica que todos quieren llevar al baile
mueve las caderas en mi habitación.

Mira qué alas,
mira qué vuelo de falda.
«Ven, acércate», te digo,
quédate a vivir conmigo,
rompe tus principios en mi espalda,
nosotros, los viajeros de los trenes perdidos,
hemos encontrado al fin nuestro sitio.
Tú duermes en mí,
yo sueño contigo,
no queremos más mundo
que los pocos metros cuadrados que formamos
al abrazarnos.

Y es que
contigo puedo,
sin ti
no quiero.

DIAMANTE

Es sutil la forma en la que observas
cómo te miro pasar por delante,
y te sonríes.
A cada paso tuyo
la tierra se agrieta como queriendo tragarte.
Soy la carne de tus cañones,
castigado en primera fila, como los chicos malos
del fondo de la clase
para sentir tus disparos
de cerca.

Tienes esa paz previa a la guerra
que pone nerviosos a los valientes,
que convierte en salvajes a los cobardes.

Roma ardiendo
y tú bailando.

Hay tantas cosas en las que pensar
y yo entretenido contándote lunares.

Cualquier sitio que implique no sentirte
es demasiada distancia.

Soy una estrella fugaz
en el cielo de tus ojos,
una pequeña brisa
en el continente de tu pelo,
una hoguera
en el infierno de tu andar,
y con eso me vale
para amar la tierra por donde pisas.

Trato de domar a una leona
con poemas
sobre carne,
y me faltan versos para saciar tu hambre.

Tan trapecista por tus pestañas,
tan escritor de tus historias,
tan malabarista de tus domingos.

Nos quiero volando,
nos quiero nuestros,
sin demasiado que contar
y con mucho que hacernos.

Lo peor que podemos tener
son dudas,
y míranos, valientes.
Fue a través de la primavera
como le dimos sentido a las flores,
fue a través de los pies
como entendimos la muerte de la distancia,
y ahora me faltan kilómetros para correr contigo
y me sobra mundo para buscarte.

CONSEJO DE ALGUIEN QUE NO TIENE NI PUTA IDEA

De quien te acuerdas sin motivo,
de repente,
porque sí.

Esa es la persona
que tienes que intentar
que se quede siempre.

NOI

Nosotros dos
crearemos un amor tan diferente
que nos van a tachar de bárbaros
y escapistas
de las leyes y feudos de los amores convencionales,
de los «Buenos días, princesa»
y del vomitivo
«Buenas noches, gordi».

No nos haremos fotitos empalagosas
besándonos en Roma
ni en París.
Prefiero fotografiar tus orgasmos
o tus tetas, y masturbarme
cientos de veces
cuando no te tenga cerca.

No tendremos una canción favorita
sino un millón de balas,
tampoco tendremos película,

sino dos millones de excusas para follarnos
los domingos.

Mi amor no se demuestra en el silencio
de una sala de cine,
envuelto en la oscuridad y emociones
de películas de Paramount
ni en los etéreos sonidos de los sorbos
de una Coca-Cola tamaño grande
para dos.

No reconoceremos San Valentín
y tampoco nos dejaremos caer en el tópico
que habéis creado del
«Yo te quiero todos los días, mi ratoncita».

No te regalaré flores ni bombones,
sino espinas y aguardiente
en las heridas.

No serás mía ni yo seré tuyo,
sino que ambos seremos de nosotros,
sin obligaciones de oficio
ni responsabilidades,

sin la ceguera
de un amor celoso.

Nuestra premisa será vivir mojados.
A secas.

Yo prometo pasarte facturas de millones de guarradas
por debajo de la mesa
en cenas formales,
jurarte declaraciones de independencia
con respecto del mundo,
poner trozos de mi piel sobre trozos de tu piel y
mojarnos de salivas y semen
hasta sentir el mar,
y abrazarte la cintura mientras
vemos amanecer desde tu sofá.
Te amaré sin decírtelo,
ya sabes que mi boca está mejor presa
en tus pezones
que en la jaula del «te quiero».
Comeremos mandarinas hasta convertirnos en
mandarinos,
viviremos un amor canalla
basado en robos de besos,

atracos a mano armada bajo tu falda y
otros tantos delitos en baños de garitos.

Cuando te cautive el miedo y
el «a dónde va todo esto» entre en pantalla,
te dejaré libertad para que te encuentres,
pero tendré mi bandera siempre en alza
para que no me pierdas.
Haré malabares con tus dudas
y pondré el suelo perdido de poemas
para que, allá donde vayas,
mis versos estén contigo.
Te responderé con un «tú»
cuando la pregunta del
«qué te pasa» inunde mi día a día,
y cuando decidas ponernos en punto y final,
te digo, nena,
que sabré aceptarlo sin poemas llorosos
ni alcoholes ni mujeres en exceso
bajo la excusa del olvidarte,
porque lo único que conseguiría
sería demostrarme cuánto te echo de menos
y lo imbécil que he sido por perdernos.

MADRID ES ELLA

Ella era toda la poesía que se escribía en Madrid.
El verso más bonito de Gran Vía,
la boca más sexy de Malasaña,
los ojos más tímidos de los cines de Callao,
la cabeza más heavy que había pasado por Argüelles,
la cintura más bonita que veías por el metro,
las piernas más largas de la Plaza Mayor,
la falda más corta de Montera,
la musa que aún seguía inspirando a la estatua
de Bécquer,
el rayo de sol más brillante de una tarde de domingo
en el Retiro,
la reliquia más exótica del rastro,
la que podía domar los leones de Cibeles,
la quinta torre de Madrid,
el Palacio más Real de todo mi reino.
Madrid es ella, y yo, sólo una de sus calles.

Ella es el monumento que fotografía Atocha,
la que se manifiesta frente al Congreso,
la decimotercera uva de la Puerta del Sol,
el cabello más hermoso de Salamanca,
a la que los hindúes regalan rosas y cervezas
en La Latina,
los labios más rojos del Calderón,
la más loca de toda Chueca,
la de la carpeta rosa del campus de la Complutense,
el paseo más largo a través de toda la Castellana,
el culo más bonito del Retiro,
el corazón más salvaje del Bernabéu,
el musical más visitado de Gran Vía,
el teatro con menos aforo de la capital,
la mejor obra de arte del Prado,
la que envuelve en flores a los toros de Las Ventas.
Ella es la única estrella que brilla en Madrid.
Ella es Madrid.

Ella es la que baila como una loca en cualquier garito
de Huertas,
la chica de Tirso, la «Lady Madrid» de Pereza,
a la que no hace falta escribirle porque es pura poesía,
la que es capaz de enderezar las Torres Kio,

el vermú más helado del Amor Hermoso,
la nariz más roja de Casa de Campo,
los acordes de jazz más hermosos de Café Central,
la niña que ríe como nadie en Cortylandia.
Los copos de nieve que los tejados echan de menos,
la única diosa de todas las catedrales,
a la que cantan en Libertad 8,
el único monumento del templo de Debod.
la palabra más bonita del barrio de las Letras,
la única Movida que existió en Madrid.
Ella, ella, ella es Madrid.

Qué guapa estás
cuando no eres de nadie,
pero todos se mueren
por tu culo.

VIAȚA MEA, INIMA MEA

Una chica con mucho de salto
y con poco de cuerda,
amante de los corazones rotos,
perdida en los versos
de algún poeta,
buscándose la suerte
en la barra de algún bar.

Una loca de libro
con una boca de verso sucio,
de las que te hacen girar el cuello,
de las que no olvidas nunca.

Lo de ella no son ojeras,
son ganas de no dormir sin ti.
Apunta, amigo:
hazla reír,
apuesta por ella,
y será capaz de todo.

Con un poco de sustancia,
con algo de ritmo
y con mucho de descaro,
la veo ganándole a la vida
cada mañana que los sueños pesan,
cada noche que los besos faltan,
y, aunque a veces derrotada,
tiene la tristeza más feliz del mundo.

Nunca le digo que es perfecta
porque no lo es.
Ella es única,
que es mucho más que todo eso.

La que ama a fuego,
a quien tienen miedo a las llamas,
la que besa a mares,
a quien le falta agua.
Con tantos pájaros en la cabeza
y tan pocas manos que merecen
ser su nido.

A ella quiero entregarle
viața mea,
inima mea,
hasta que todo me sobre,
hasta que nada me quede.

NENA

Sé lo que tengo
y sé que eso es lo que quiero.

No voy a tirar la piedra
y a escribir que escondí la mano,
nunca fui un cobarde cuando se trató
de defender lo mío.

He aprendido de cada abrazo tuyo
más de lo que me enseñó el calor
de la cama de cualquier otra.

La primera noche me dijiste
que volar es de valientes
y a estas alturas no voy a dejarte sin alas
porque lo que más amo de ti
es tu libertad.

Tengo el cupo de decepciones cubierto
con mierda de mi pasado,
pero en ti confío como en nadie.
Tú manejas, nena,
el Cadillac es tuyo,
la carretera es nuestra,
yo me siento a tu lado
y te veo reír
y es suficiente.

Empezar perdiendo el partido tres a cero en casa,
acabar ganado por paliza
y llevar la copa a la vitrina.
Así
desde que estás.

No me iré con la primera que me ponga ojitos,
porque lo único que quiero
es verlo todo contigo.

Tienes la sutil habilidad
de convertir en vida todo lo que tocas.
Por tus manos me peleo con quien sea,
por que salga en sol en tu ventana
reviento cualquier nube.

Ningún día es uno más
contigo,
todo amanecer importa
cuando hablamos de ser los mejores,
todo beso cuenta
cuando queremos poner cara al infinito.

Pequeñita,
sí,
pero capaz de cualquier cosa
si se lo propone.

HAKUNA MATATA CONTIGO

Me suda la polla besar a setenta
si no tengo tu saliva
pa' tragarme.

Yo estuve en el Campo Santo
y no hubo Dios
que supiera aguantarme.
Me creí el mejor
porque cuando me mirabas te reías.
Yo tuve los días contados varias veces,
deshojar la margarita
y quedarme solo,
empezar de cero
y toda esa mierda.
Siempre me tendiste el brazo y el beso
cuando la apuesta estaba
a cien contra uno.

Contigo me deshice el nudo de la garganta
y cogí la soga para atarte
a la cama.

Remonté el vuelo
como el Madrid en Lisboa,
mi historia te hizo llorar
y lloraste pétalos.
No importa.
Así nos hicimos fuertes:
juntando raíces.

Mola lo que hay ahora,
un cuento de hadas con tus alas,
los poemas que te escribo mientras duermes,
las veces que cenamos chino.

Te sé niña
y te sé fiera.
En todo caso,
me quedo con tus dedos jugando en mi pelo,
con tus uñas trazando rectas en mis espalda.

No es por lo que eres,
es por lo que transmites.
Ahí está tu magia.

No quiero cagarla,
ya te dije: «Vales más que todo
y todo a tu lado es chico».
Me llevo yo la hostia,
si es lo que hace falta
para verte volar.

Callo la boca con tal de oírte respirar
y saberte presente.
La gente que hay fuera,
los que creen saberlo todo,
ignoran lo más importante:
la vida baila en tanga en mi cama.
Mejor pa' mí.

Me llevo el pastel a la boca
y me lamo los dedos después de tocarte.

Llegar al fondo del océano
es querer demasiado el mar.

Por ti me pongo el traje y las gafas
y te traigo todos los peces.
El Titanic se hundió
y por eso es historia.

Yo no quiero musas,
lo que tú me das me vale
pa' ir tirando,
despertar mañana
y saber que estás aquí a mi lado.

Sobre todo importa eso.

CHICA TRISTE

Siempre he querido bailar con la más guapa
porque la más guapa del baile
siempre ha bailado sola.
Mueves las caderas
como si no te importara nada
y la verdad es que todo te la pela.
Suenas lento,
a jazz del setenta,
a whisky de un trago en la barra.
El polvo a pares
y mañana será otro día
sin salir de casa,
viendo series, comiendo pizza,
escribiendo algo,
y acabar llamándote para que te pases.

Todo lo que no tiene
que ver contigo
no lo quiero
porque no es arte.

Me sobran las manos si no te toco,
el futuro era negro
hasta que tú sonreíste,
me sobraban ganas
y me faltaban huevos
hasta que tú me besaste.

Debí haberte hecho caso,
publicar el libro;
preferí quererte de otra forma,
como la chica triste del bar
y ahora tu nombre sale en portada.

Ojalá nos vayamos a Argentina,
recorramos mundo.
Mis colegas dicen que les haga caso,
que tú vales por mil.

Nos cuidamos el uno al otro
porque ya estamos demasiado jodidos.

Qué razón tiene Nacho
cuando dice

que sin ti estaría mal hecho el mundo.
Cuánto aprendo de tus manos
cuando me acaricias el pelo.
Cuánto enseña tu espalda,
cuando haces de mi cuarto
la mejor vista del planeta.

No te acabes nunca,
chica triste.

Ella era poesía.
Él era gilipollas.

LA LLUVIA

Las noches de lluvia escucharíamos a Dylan,
leeríamos a Bukowski y a Neruda subidos en lo más
alto de la cama,
tendríamos ginebra y sexo.
Tú estarías en bragas,
yo empalmado, mirándote,
me gritarías locuras como «Vamos a la calle a follar
bajo la lluvia»
y «Bendita cabecita la tuya»,
defenderíamos que septiembre sigue siendo verano,
escupiríamos al romanticismo del beso bajo la luna
y luego nos morrearíamos con descaro en su nombre.
Viajaríamos a cualquier ciudad desde la cama,
aprenderíamos el idioma del orgasmo,
te miraría mientras fumas desnuda
y te escribiría versos entre el olor a sexo y a tabaco.
Andarías descalza, de puntillas,
sin hacer ruido aunque dejando huellas,
por mis recuerdos

y acabarías con todas las mujeres que me hirieron
alguna vez.
Dibujaríamos corazones en las paredes
y los tacharíamos riéndonos a carcajadas
porque somos risa antes que cualquier otra cosa.
Nos burlaríamos de todos los poetas
y veríamos amanecer desde tu ventana,
que es el sitio perfecto para los imperfectos.
Tú serás periodista, o pintora,
quizás harás música,
y amarás lo que todos odian
y me dirás que me odias cuando quieras susurrarme
que me amas.
Como si fueras esa mujer típicamente atípica,
me dirás que mis fracasos no importan,
que aún nos quedan las canciones y la poesía,
y que ya no llueve,
pero que tú sigues amándome,
que sigue siendo mío
el hueco que hay
en tu ventana para dos.

TU RISA

Tienes el poder de llenarme
cada vez que sonríes,
y eso dice mucho más sobre tu risa
que sobre mi vacío.

MÍA

Me gusta en pedazos, rota,
sonriendo con descaro,
como sabiéndose cautivamente guapa,
cuando yo la miro así,
tan de nadie
y tan mía.

La quiero loca,
loca y salvaje,
como cuando no tiene miedo a la vida
y se muere con cualquiera,
sabiendo que solamente yo
la salvaría.

La quiero libre,
libre y cercana,
como alas y respiro,
como cuando puede con todos
y sin embargo
sólo quiere conmigo.

Ella es el pasado de una noche
y el futuro de otro día,
tiene hambre de locura
por debajo de su ombligo,
ama por encima de la luna,
y hasta bebe del olvido;
y en cada trago
lleva la mentira dolorosa
de que ese, su sabor,
nunca será mío.

Confieso que me asusta su fuego de poesía,
me gusta verla arder salvaje,
y decirse que se prefiere sola
como malgastando más palabras,
por no decirse mía.

Es capaz de enamorarse de todo
y especialista en no quererse nada,
brilla por su falta de metraje,
ama la vida
y bebe la noche,
es reina en su cama
y hasta a veces me conquista,

pero aun así
no deja que la llame mía.

Sabe de promesas,
de susurros en carne viva,
de mentiras de cristal,
de balas
y de heridas.
Tiene cientos de defectos
pero no puede evitar
sonreír con indecencia
cuando me mira
y me dice
que no es mía.

A partir de ahí,
no puedo más que creerla,
pues poco a poco,
estoy empezando
a amar

su mentira.

POEMA PARA NADIE

Te has incrustado
de la manera más sutil,
es decir:
desde dentro,
hacia fuera.

María López Morales

Tú sola contra el mundo,
kamikaze y valiente.
Que le jodan a la vida,
a ti lo que te pone es la muerte
con alguien
que no dure más
que un par de tercios.

«Tócala otra vez, Sam».
El mundo es demasiado gilipollas
para entender
que todo el amor
cabe en una sola canción.

«Te recordaré la melodía, Sam».
Nadie baila como tú
las canciones para nadie.
La revolución comienza cada vez
que te desnudas los miedos, *mademoiselle.*

Que nadie te pida explicaciones
si la cerveza no está fría.

La niña que salta de lunar en lunar
no quiere ser princesa
sino poeta.

Eres de piedra
porque nadie es capaz de hacerte polvo.

Debes recordar esto:
«Un beso sigue siendo un beso,
un suspiro es sólo un suspiro».

Te atas sola
los nudos al cuello,
estás guapísima colgando de un poema.
De los amores se aprende

lo que se ignora de la vida,
gracias a mujeres como tú nacen libros como este
que duran para siempre.
Por eso eres el *best seller* de mi vida.

Ya te lo dije una vez:
cuando lo nuestro acabe
todo el mundo
querrá saber tu nombre,
y a mí me pasará
que todas las mujeres del planeta
empezarán a llamarse como tú.

INVIERNO

Ella,
que lo sabe todo sobre el frío,
que se ha cansado de no saber nada del calor,
hará de tus brazos casa
y de tus besos hogar.

Aunque tenga un corazón de hielo,
puede hacerte patinar
como jamás nadie
lo ha hecho.

Es de su invierno del cual has de enamorarte,
pues ella es eso,
frío, viento y tormenta,
y aún así
quema, ama y vuela como nadie.

Ha besado más de la cuenta
a aquellos que no merecían sus deudas,
cuenta a sorbos sus tropiezos,

y hace ya tiempo
que no comparte asiento,
pues lo suyo es la velocidad y el vértigo;
y todos tienen miedo a sus trenes y a sus alas.

«Y se juega la vida, siempre en causas perdidas»
porque así es ella,
un sinsentido que no puede querer
cualquier boca con un poco de chispa.
Lo de ella es apostar al fuego,
a la hoguera y al incendio,
arder hasta los huesos y
perder la cabeza por quien le roba el corazón.

No se conforma con las flores,
ella quiere el jardín;
no le valen las excusas,
lo que importa son los hechos en exceso
y el amor bebido desde el sexo.

«Está cansada ya de despedidas»,
pero lo que no sabe
es que yo llevo corriendo tras ella
desde la primera sonrisa.

VIAJE

Aunque pudiera estar
en mil sitios a la vez,
tengo claro que seguiría
agarrándome a la misma mano
cada vez que sintiera
que estoy perdido.

La tuya.

NO ESTÁS SOLA

De tanto querer poder
tú sola con todo,
te has olvidado
de lo que significa
que te tiendan una mano.
No recuerdas lo que es
aquello de que alguien
te pare en el camino
y te diga:
¡«Basta,
estás mucho más guapa
cuando no cargas tú sola con los problemas!».

No me entiendas mal,
no quiero hacer mío
lo que no me pertenece,
porque no creo que el amor
sea compartir lo bueno y lo malo,
sino que es, simplemente,
estar por los dos en lo malo

y sentir que no quieres estar en otro lado
cuando lo bueno.

Si cuando estás triste me voy y te dejo,
¿qué derecho tengo para estar
cuando inundas el mundo
con el viento de tu risa?

Respeto tu espacio,
tanto como tu soledad,
pero cuando quieres a alguien
no puedes pararte y ver cómo se hunde,
sino que intentas beberte
todo el agua que le rodea.

Te he visto luchar
por la felicidad de los tuyos
y nunca pedir que nadie
luche por la tuya.

Nadie ha ganado la revolución solo, nena,
pero cuando dos luchan
por una misma causa,
créeme que cualquier victoria es posible.

Recuerda,
si el mundo se te tira encima,
tú vuela.
Si estás atrapada en un laberinto
que parece no tener salida,
tú sigue corriendo.
Si te golpean donde más duele,
tú enséñales los dientes,
sonriendo: ¿vale?

Esto es todo lo que yo sé

sobre el amor que te tengo.

ELLA SONRÍE EL 14 DE FEBRERO

Estás preciosa.

Sí, estás preciosa cuando te enfadas,
cuando lloras sin motivo alguno,
cuando sonríes,
mientras te apartas ese mechón de pelo que te
molesta en los labios,
o mientras miras al vacío, hundida en aquella canción
que te recuerda a él.

Cuando digas que tienes un cuerpo de mierda
o que «cómo me gustaría a mí tener los ojos o el culo
que tiene esa»,
cuando sientas que no puedes vencer sola
cualquier día de la semana,
cuando estés triste o algo rota...
Recuerda que eres preciosa.

Recuérdalo,
cuando veas que *ese* pasa de ti,
cuando no haya nadie que el lunes por la mañana
te desee una feliz semana,
cuando no recibas ni un maldito mensaje durante días,
por favor,
recuérdalo, eres preciosa.

No dejes que la sociedad te etiquete con adjetivos,
que te ponga una talla de ropa,
ni que decidan por ti lo que debes querer
que entre o salga de tu coño.
No dejes que nadie te diga jamás que no estás preciosa.
Lucha, lucha,
hazlo por ti, porque te lo digo yo, porque eres preciosa.

Cuando todo venga de repente,
como si fuera un puto tsunami que arrasa contigo,
y te hunde
y te ahoga
y te quita lo que más quieres
y no deja que respires ni un puto momento,
joder, recuérdalo, estás preciosa.

Diles a todos aquellos que se han reído alguna vez de ti,
a los que se han burlado,
a los que han presumido de tener esto o aquello,
e hicieron que tú te fueras siempre cabizbaja,
pensando en todas esas palabras,
diles ahora que estás preciosa
y no les expliques por qué.

Cuando lo veas besar a otra,
pasear con otra
o mirar a otra como te miraba a ti,
sonríele,
porque tiene una ex preciosa.

Cuando nadie apueste por ti,
coge todas tus fichas y hazlo tú.

Cuando ya no te quede nadie en quien creer,
cree en ti.

Cuando ya no tengas nada que querer,
quiérete a ti.

Cuando ya no tengas por quien sonreír,
sonríe por ti.

Y cuando ya nadie te lo diga,
recuerda que yo lo hice una vez,
que te lo dije,
que eres preciosa.

Esto es para ti,
la que me lees,
la que has sonreído
o a la que le han entrado ganas de llorar,
la que estás sola,
a la que le gustaría que hubiera alguien ahí
este puto catorce de febrero,
que le dijera que está preciosa,
así,
enamorada,
como yo se lo decía a ella.

DESPUÉS, MAÑANA

Estaba loca, loca de remate,
y era guapa, guapa de cojones.
y conocía a la luna,
y bailaba rock and roll frente al espejo,
y salía,
y bebía,
y no se acordaba de nada al día siguiente.

Estaba rota, tanto como un trapo,
y era dura, dura de roer,
y odiaba a los poetas,
y se ponía hasta el culo,
y lloraba,
y se corría,
y no se acordaba de nada al día siguiente.

Dormía poco,
y tenía las ojeras más preciosas
que habían ignorado jamás.

Era la princesa de mi cuento,
la que follaba con Extremoduro sonando de fondo
y se metía de todo menos mis drogas.

Amaba,
era capaz de amar
por encima de cualquier boca despeinada,
de cualquier trovador de mierda,
de cualquier basura literaria que le escribía,
era jodidamente perfecta,
y su único defecto era yo.

Sospecho que venía de otro mundo,
por eso de que nadie había logrado entenderla nunca
aunque siempre era la que más gritaba,
y que era inmortal
por eso de sus infinitas pecas,
y que me tenía calado,
y que sabía cosas sobre mí que nadie sabrá jamás.

Era la chica con la que desearíais pasear el resto
de vuestra vida,
era la chica diez
y le faltaban un par de veranos

—conmigo, digo—,
y cada vez que me la encontraba por ahí
me decía que no se acordaría de nada al día siguiente,
y aun así
me iría a vivir con su olvido
todos los días del resto de mi vida.

Voy a ser claro:
si alguien te quiere
no se va.

NUDO DE UN LIBRO DE AMOR

Olvida lo de las bombas nucleares.

NUESTRO AMOR NO ES KILOMÉTRICO

Quererte era una de las cosas que más me gustaban. Te quería en cada gesto de sonrisa. En cada respiro tuyo, yo te amaba. Te quise en cada palabra, en cada beso, en cada hormigueo, en cada mirada. En pequeños detalles te quería, sin llegar nosotros nunca a ser nada grandes. El amor no es kilométrico, aunque nosotros nos quisiéramos a distancia. Teníamos cosas diminutas, nos bastaban para nuestro amor diminuto; para nuestra cabaña alejada y perdida, de treinta metros cuadrados, de techo bajo, nos bastaban los cubiertos diminutos, la chimenea diminuta, la cama... extremadamente diminuta. El tamaño de nuestro pequeño amor, nuestra gota que nunca colmaba el vaso o nuestro punto que nunca era final, porque eso aprendimos, que las cosas, por más pequeñas que lleguen a ser, nunca nunca nunca tienen fin si hay alguien que las recuerde. Sin embargo, no fue suficiente. Nunca me atreví a quererte en grande, a llenar un vaso y otro vaso y otro vaso hasta derramar el amor por el suelo y mojarnos los pies, a construir el amor más grande, el que no conocen los poetas, para que todos se preguntaran cómo llegamos a esas alturas si estábamos enterrados hasta el cuello, si no teníamos suficiente para nosotros mismos. ¿Cómo? Yo pensé que nuestro pequeño refugio era suficiente, era suficiente...

Buscar culpables siempre me ha parecido un gesto cobarde y yo contigo he pecado de ambas cosas. Cuando tenía más ganas de estar juntos que conmigo me asusté. Y el miedo es silencioso, nena. Como una bala que atraviesa el aire y tan sólo oyes cuando te impacta; cuando te mata; y entonces ya es demasiado tarde.

Así pasamos, así se apagó nuestro fuego, la llama que se esfumó porque la lejanía tiene eso: poder. Y demasiado, demasiado viento. No fue una ruptura a largo plazo. Apenas hubo lágrimas. Apenas hubo intentos de regreso. Apenas nos dimos cuenta. Yo que sé, de un día para el resto pasamos de tenerlo todo a no quererlo, a no querer.

Ni tuya ni mía, la culpa compartida se traga mucho mejor. Lo único que sé es que tanto te eché de menos que ni siquiera me atreví a escribirlo. Y así se cerró el libro de nuestro amor:

con un final de mierda.

POEMAS PARA EL DESPUÉS

Si te hubieras visto con mis ojos,
habrías entendido por qué no quiero
dejar de mirarte
nunca.

MENTIRAS COMUNES Y NO TAN COMUNES

Es mentira.
Todo es mentira:
la lotería, los Reyes,
los «ya empiezo mañana»,
«hoy salimos, pero de tranquis»,
«un capítulo más y me duermo»,
«esta es la última»,
«vente a mi casa y vemos una peli»,
«no te quise tanto».
Son. Mentiras.

Pero contigo,
yo llegué a creerlas todas.

EL DÍA QUE JIMI HENDRIX MATÓ A DIOS

No hay peor muerte que la de morir por alguien
que no estaba dispuesto a dar su vida por ti.

No hay peor muerte que la de morir por alguien
que no estaba dispuesto a dar su vida por ti.

Recogiste todas tus cosas, que también eran las mías,
y sin lloros, arrepentimientos ni reproches,
—«Este cepillo de dientes es mío»,
«Yo compré la colcha»,
«Debiste quererme más»—,
le diste un portazo a la vida,
a mí, que era tu vida, dejando encerrados
en un cuartucho trece meses de un *nosesabequé*
que solamente se vive una vez,
como el exacto segundo anterior a palmarla,
y decidiste que preferías morir sola
en una ciudad sin ventanas a ningún crisantemo,

en un funeral solitario donde sólo te velaba
tu pasado conmigo.

La mejor forma de enfrentarte al mundo es hacerlo sola.
La mejor forma de enfrentarte a la soledad
es la muerte.
Aún me querías.
No puedes alejarte del amor de tu vida
moviendo el culo de esa forma.
Pero tú eras así, sin coherencia, sin dos más dos
es igual a cuatro.
A cuatro patas la vida se veía mejor, pero tú eras así,
inesperada como un infarto,
imprevista como un embarazo,
espontánea como una erección...
Tú eras así.

Yo me conformaba,
el amor personalizado siempre es más caro que el de fábrica.
El precio que pagué por amarte me dejó en bancarrota.
No quiero rescates, que se joda Alemania.

No quiero rescates, que se joda Alemania.
No quiero rescates, que se joda Alemania.

Cuentan que el mismísimo Jimi Hendrix
fue capaz de matar a Dios
en un solo de guitarra.
Dime,
¿por qué no iba yo a estar dispuesto a morir por ti?

POSDATA AL ÚLTIMO VERSO

Lo he sentido mejor,
y, en realidad, no quise morir por ti
porque eso supondría despedirme demasiado pronto.
Lo que yo quise fue vivir contigo
hasta que la muerte
hiciera lo que tuviera que hacer.

(...)

Nunca sé el momento exacto en el que acaba
un rock and roll,
tampoco acierto nunca
cuando pongo el punto final a un poema.
Quizás cabía cierto dolor extra en este par de versos,
quizás debí quererte más aquí,
quizás tuviste tú razón cuando el reproche,
quizás tus labios cabían en esta estrofa,
quizás el peor recital fue acabarnos de leer tan pronto.
No me atreví contigo.
Te vi como el último verso
cuando querías que fuéramos
una puta antología.

Quizás acabó la canción antes que la botella
y ninguno de los dos estábamos suficientemente
borrachos
ni cansados.

Tú, que siempre sigues cuando todos se rinden,
cuando yo me rindo
porque me digo realista
cuando quiero decirme cobarde.
Tú, que sabes que las guerras no se ganan
con sólo una espada y
sin escudo,
sin putas ni vino,
la guerra se gana contigo y conmigo.
Nosotros que fuimos Roma,
que nos comimos Atenas
cuando nadie daba un duro
por el espectáculo.

Ahora mira toda esta putada de ruinas:
tienen tus ojos,
y tus ojos están lejos,
y la culpa es sólo mía,
tan sólo mía,
porque tú no sabías,
no me entendiste cuando te dije «Me atrevo con todo»
con la boca a medio abrir
cuando en realidad

quería gritarte con lo que me restaba de labios:
«Tengo miedo».

Y pasó eso,
fui demasiado diminuto,
para seguir bailando tras el rock and roll,
y acabé este poema en un punto final
sabiendo que tú
lo transformarías
en
unos
puntos
suspensivos

...

CUATRO CUERDAS

Y por qué me sucedió,
si yo quise lo mejor.

AINOA BUITRAGO

Por qué a mí,
por qué tuve la batalla de la despedida
golpeando mi puerta
con puños de recuerdo,
por qué no aguanté a pie de campo
la tormenta
si yo quise;
si yo quise mantenerme firme
como un mástil,
erguido y recto,
cuando te besaba,
cuando te tocaba;
si yo quise
decirte al oído que nosotros nunca
con voz de fiesta y de rayuelas,

y no supe dónde bailaban las palabras
ni en qué patio jugaban los niños...
Si yo quise, mi amor,
llevarte a los conciertos,
llenarte de recitales,
taparte del frío,
comerte el hambre...
Si yo quise y no pude...
Si yo te quise y no te pude...

Ahora esta caricia busca tu pelo,
yo ya no tengo ningún sentido,
las canciones son siempre tú,
y lo peor de todo es que les falta el baile
y la falda,
les faltan dedos
y les falta piel.
Les faltas tú.

Me pregunto,
me pregunto
si quisieras querernos una vez más,
si creerías creernos una vez más,
si tu piel es mi verdad,
si tu ausencia nuestra mentira.

El amor que yo conozco
es algo parecido a que todas las mujeres que lleguen
después de ti,
se llamen como tú.

O yo qué sé.

LA NOCHE EN QUE HICISTE TODO ESO

Cuando esa noche te hablé sobre lo mucho que me gustaba
ver cómo se encendían las farolas,
tú trajiste toda la luz de la ciudad a nuestra cama
y me la entregaste como quien regala un anillo
o un libro.
Las calles se quedaron a oscuras
y recuerdo, al día siguiente, noticieros, artículos, wasaps,
condenando a la alcaldía y los consejeros,
pidiendo cabezas y encarcelaciones.
«No te lo perdonaré jamás, Manuela Carmena. Jamás»
fue la consigna oficial de todo ese movimiento revolucionario
de la cual tú eras la única responsable.
Fue culpa tuya que aumentaran las ventas de pilas y linternas,
las máquinas se quedaron sin condones,

se gastaron los mecheros,
robaron en el Primark de Gran Vía,
y otros cien mil rumanos más se mudaron aquí.
Acabaron deteniendo a dos titiriteros
y los acusaron de *nosequé* terrorismo.
Y tú, impasible, seguías bailando y riendo.
En una noche fuiste capaz de poner Madrid patas arriba,
la noticia dio la vuelta al mundo,
y ahora la ciudad ha sido bautizada por *The New York Times;*
—New. York. Times. Ni más ni menos—;
como «Urbe del Caos»,
—as City of Chaos and café con leche *in Plaza Mayor—*.
En una sola noche
hiciste todo eso,
y entonces empecé a quererte porque era lo único que podía dar a cambio
de tu entrega,
esta minuta,
que es todo lo que ocupa mi amor en ese banco lleno de oro
que tienes en el pecho.

Y empecé acojonado
porque menuda mujer para tan poco poeta.
Debí anticipar mi destrozo,
la caída de boca contra el asfalto del momento en el que te marcharas.
Debí hacerlo, pero supongo que me ponía mucho más
el morbo de tenerte a mi lado
que las consecuencias de irte lejos.
Ese fue mi error
desde la noche en que hiciste todo eso
hasta el día en el cual empezaste a no hacer nada.
Y te fuiste con la luz
a otra ciudad.

PETICIÓN VERTICAL DE AUXILIO

V
u
e
l
v
e

LA MESA QUE PAPÁ COMPRÓ POR NAVIDAD

Entonces un gargajo de nudos
se alineó en mi garganta
estableciendo su zona de confort,
su zona de sofá,
y con una sinvergonzonería de barrio,
subieron los pies a la mesa
que papá compró por Navidad
y no me permitieron volver
a decirte ni una palabra más,
ni un mísero céntimo de ruido,
ni un «pero».

Mi vida de nada
volvió al silencio de los días sin canciones
que me recuerdan a ti
y, como una batidora infernal,
el miedo a escribirte me ahogó
en un puré de palabras sin lengua,
dejándome

en los huesos del muerto de hambre,
del perro que volvió a la perrera
después de ser dueño,
donde lo enarbolaron
con una cadena súper guay
y una correa negra.

Me jodiste a proporciones de pirámide,
con esa boca trepadora de melocotón,
y te cargaste todos mis principios de piedra
como quien sopla una pestaña,
y me llenaste de pendejadas
los poemas de soledad,
y llegué a llamarte
«boca de melocotón»
sin sentirme estúpidamente avergonzado
—tampoco me siento ahora, boca de melocotón—.
No tenías ni idea
de que no me importaban más culos que el tuyo,
tampoco de cómo de dura me la ponía
toda esa formalidad de manual,
ese papeleo, nada molesto,
de quietud y clímax
que habíamos alcanzado,

con los paseos de la mano
y las cenas por cinco pavos.

Yo
era más importante
que todo ese amor *mass-media*
que habíamos redactado,
en el cual presumíamos de libertad y pájaros;
pues yo, el gran yo,
sin darme cuenta,
me enarbolé la cadena súper guay
y la correa negra,
y me convertí en tu perro,
y tú me jodiste,
y ahora, por tu culpa,
la mesa que papá compró por Navidad
está sucia

otra vez.

POEMA DE AMOR

No mereces otro poema de amor.

Saliste
por la puerta de atrás
de mi vida.
Ni siquiera se enteraron mis colegas,
ni las polillas,
ni los sueños.
Nadie preguntó por qué.

Te fuiste porque quedarse
es un juego de valientes
y lo que a ti te ponía
era perderme.

Que alguien aplauda.
Esta corrida tiene el nombre de otra,
pero este poema sigue siendo tuyo.
Que alguien me aplauda en la cara
y en los versos.

Te dije:
«Prefiero morir a tus pies
que volver a besar las rodillas
de otra».

«Muérete de besos», respondiste.

Ya no intento correr detrás de ti
como antes.
Cuando te comenté que eras como una pelota
y yo como el niño que te pierde
entre coches y camas,
estaba pidiéndote a gritos
que me callaras
y me hicieras tuyo,
que me poseyeras
—sin poemas—
con un egoísmo de primera,
un machismo romántico,
y que me dijeras:
«Toma, tu balón;
ahora quédate en mi vida para siempre».

Tú respondiste que a mí
lo que me importaba era la poesía,
por encima de ti,
y que me dieran por culo.

Y tenías razón,
aunque te jurara por Ángel González que no.

Ya no mereces otro poema de amor
—al menos eso me repito cada vez que te escribo
el último—.
Te he convertido en los versos
que muchas quisieran ser.
Todo es culpa tuya,
aunque este poema
me la eche a mí.

Te espero.
No tardes.
No tengo prisa,
pero tú no tardes.
¿Sí?

LA VUELTA AL MUNDO EN AQUELLOS DÍAS

Ardimos como Roma,
fuimos rockeros por Liverpool,
un paseo por Manhattan
y nos amamos con un *amour* olor París.
Nos bebimos a tragos en Múnich,
nos bañamos en pelotas por Tarifa
y dormimos en lo más alto de Lisboa.
Veloces como una carrera en Mónaco,
desnudos como un invierno en Nueva York,
a veces vestidos por Amberes,
colocados en Amsterdam,
dejamos atrás los trenes
que llevaban a Bucarest
y nos perdimos por Moscú.
Tú tan día en Estambul,
y yo tan noche en Praga.
Tan divididos en este y oeste como Berlín,
tan pegados como Alsacia yo,
Lorena tú.

La guerra en Sarajevo,
la paz en Versalles.
Éramos tan caos como Beijing,
desordenados como Bangkok,
pero bailamos por un Tokio tan nuestro,
y el resto del mundo se hizo Chernóbil.
Pobres en Ginebra,
besos con glamour de Montecarlo,
saliva y lenguas más que Venecia,
excitados por Sodoma,
dedos con alma de Gomorra,
mordiscos tan salvajes, tan Somalia,
locos por Las Vegas,
veíamos la vida color Hollywood
y nunca importó la muerte que avecinaba Hiroshima.
Fríos como Siberia,
calientes como El Cairo;
saxo por Nueva Orleans,
sexo en Nueva Delhi,
nos prometimos un Copenhague nuestro,
fuimos pintores por Florencia
—tú, el cuadro, yo, tu espectador—,
músicos en Salzburgo
—cómo sonabas entre sábanas—,

poetas por Madrid
—cuánto aprendimos de los versos—.
Nos escribimos en Cracovia
y nos leímos los labios, corte a corte,
en esa placita de Milán.
Con un azul Maldivas
y esta caricia de arena
por tu espalda, tan Miami,
acabamos en Lima
lo que empezamos en Cancún,
nos olvidamos el Ecuador
y sólo yo te vi bailar con el arte de Chicago.
Así recorrimos el mundo,
paso a paso,
noche a noche,
ciudad a ciudad,
amamos cada calle,
cada beso y cada enfado.
Tú te convertiste en viaje,
carretera, travesía y mar;
yo fui tu viajero más fiel,
pero mis huellas, eso que era tan nuestro,
acabaron desgastando el camino,
ese que un día juramos que no tendría fin,

y nos convertimos en distancia,
tú por un lado,
yo por el otro,
y nos acabamos como se acaba el viaje de tu vida:

demasiado pronto.

LO DE NADIE

Nunca, nadie,
hablará sobre nosotros
como aquellos que solucionaron la poesía.

La sombra de este nadie
tiene la forma de tus caderas.

Eres quien nunca está del todo
porque todo lo que conozco en ti
es libre, salvaje e indomable.

Eres la mujer
de los besos perdidos
que nadie ha encontrado.

Tus ojos se ocultan bajo las cuerdas
de un poema.

Me miras, con música,
como bailándote los ojos entre versos

que te llaman Nadie,
porque llamarte Alguien
es el grito más valiente que conozco
y yo ya no tengo voz,
pero créeme
que nadie es solamente nadie
para alguien.

Veo la estética del cuadro en tus pupilas
y lo sucio de la poesía en tu boca
cada vez que somos
quienes quieren que seamos.
Y me río porque no te saben,
porque te miran y no te ven.

Nos gusta tanto jugar con las reglas
que lo que deberíamos hacer
sería desobedecerlas.

El antónimo de tu mirada
es
estar
solo.

Si me vieras el fuego,
te quedarías ardiendo por siempre
entre mis llamas.

Tienes la capacidad de hacer que me quiera,
y esa es la mejor forma de estar
en la vida de alguien que lo sabe todo sobre la soledad.

Te espero.
Te sigo esperando
a pesar de tener más miedo que tiempo.
No llegues tarde.
O bueno, da igual.
Ven cuando te den las ganas.
Pero cuando vengas,
que sea para no irte.

SORDA, SILENCIOSA

«Quiéreme,
porque te lameré las lágrimas cuando llores,
te besaré los pies cuando te rindas
y me comeré tus miedos cuando tiembles»,
te decía.

«Quiéreme,
sin las apoplejías de las dudas,
y las inseguridades crónicas
que obstruyen todo aquello que camina en nombre
del amor»,
te decía.

«Quiéreme,
con esta índole autodestructiva
que guarda en una bala todo mi pasado,
y no me des tiempo para dispararme y
ponerlo todo perdido de recuerdos»,
te decía.

«Quiéreme a mí
como nunca has matado a nadie»,
te decía.

«Quiéreme,
y no temas las tormentas ni los huracanes que pueda provocarte,
pues mis labios y tus labios
serán capaces de calmar la lluvia
con un simple y tímido beso»,
te decía.

«Quiéreme así,
borracho de pretensiones,
desnudo por escribirte,
mendigo por pedirte amor»,
te decía.

«Quiéreme,
con toda esta tristeza,
con todos los motivos de mi rostro abatido,
con mi noche interior,
pues sólo así lograré jactarme de todo mi tiempo pasado

presumiendo de que te tengo a ti en mi presente»,
te decía.

«Quiéreme,
y luciré mi ego por tenernos,
pues no hay mejor orgullo que ser contigo»,
te decía.

«Quiéreme,
plántate en mí,
como una tribu sedentaria,
tú que siempre fuiste nómada,
quiéreme
y te entregaré toda la tierra con mis manos»,
te decía.

«Quiéreme,
que de mí nacerá el pedúnculo del amor,
la flor que todos llaman vida,
y que yo te entregaré a ti
a cambio de cualquier nada que me ofrezcas,
que para mí
será más que suficiente»,
te decía.

«Quiéreme
a distancia,
quiéreme
porque el amor es lo único que nos va a acercar.
Kilométrica»,
te decía.

«Quiéreme
a pesar de tener los motivos cargados de lágrimas
a palo seco
y los ojalás llenos de impotencia a pelo»,
te decía.

Sorda.
Silenciosa.

QUÉ PASÓ EN EL 93

A veces me gustaría
recordar todas esas fechas
que el mundo sabe.
Decir, por ejemplo:
«¿Conoces ese concierto de Nirvana,
sí, el del 93,
en Londres,
donde Cobain, Grohl, Novoselic
hicieron a la música aire y
todos fueron pulmones
en el *Come as you are?*».
Y quedar yo así en el status
de un sabelotodo con un tanto de interesante
y gafapasta,
y quizás ligarme a esa
que sé que nunca será ella,
y autoconsolarme con un
«por qué no,
si, total,
ya duele demasiado;

si por un poco más
no pasa nada;
si incluso sonríe a hoyuelo limpio
mirándola desde aquí».
Luego regresar a mi cuarto,
donde siento cómo va quemando
el odio y el arrepentimiento
en la piel,
en todos los sitios donde me ha besado la que nunca
será tú,
y estas cuatro paredes
se convierten en una especie de crematorio
donde yo soy una hormiga,
y desde esta cama en la que una voz
que hace tiempo creí nuestra,
ahora me dice que debo seguir adelante,
olvidarme de que mis pasos siempre apuntan hacia ti,
olvidarme de que tú estás en todas las direcciones
y que perderse
tendrá significado sólo cuando
sea un viaje para dos,
y no ahora,
no en esta habitación,
no en este crematorio,

donde no tengo ni idea
de si Nirvana dio un concierto
en el 93
en Londres.

SON COSAS QUE PASAN (II)

Ahora ya es tarde. Si te has ido una vez, ni se te ocurra volver. No tienes ese derecho. No puedes querer volver a volar junto a la persona a quien le has cortado las alas tantas y tantas veces. Te jodes, idiota. Es todo culpa tuya. Si hay algo que duele, son las consecuencias. Yo lo he aprendido a base de malas decisiones. Tú lo resumiste todo en la necesidad de irte, de estar sin ella, de estar solo. Decías que querías libertad, que más tiempo para ti, que ya no sentías lo mismo; y te equivocaste. La mejor libertad está junto a alguien que no le tiene miedo a las cadenas. Como ella. La has visto tantas veces parar el tiempo que empezaron a asustarte los relojes, no sabías que lo mejor de una mujer así, es vivirla, no sentirla.

Y ahora intentas volver. Después de ese abandono. Después de esa huida. Tuviste más miedo que ganas de besar hasta los pies y, simplemente, decidiste irte. Cogiste tu mochila y saliste por la puerta dejando dentro todo lo que ella podía ofrecerte. Qué cobarde es huir con los besos en los labios porque sabes que una mujer así te queda demasiado grande. No pretendas regresar ahora. No puedes volver a abrir la herida que ya estaba cerrada excusándote en que no supiste cómo quedarte cuando el cielo se nubló y se avecinó la tormenta. La dejaste sola, mojándose. No puedes jugar de esa forma. El amor es como un patio de niños, sí, pero las despedidas son cosas que pasan solamente entre adultos. Aún no hemos entendido nada.

Sigues amándola. Te das cuenta ahora de que la has perdido. Qué idiota fuiste. Cuando ella te decía que quería soñar, tú abriste los ojos y te lavaste la cara. Cuando ella te dijo «Quédate», saliste corriendo y no miraste hacia atrás. Ahora que ya no escuchas su voz es cuando te das cuenta de lo que pesaba cada palabra que salía de su boca. Las personas solamente pasan una vez y, cuando algo se rompe, jamás vuelve a brillar como antes. Aunque intentes arreglarlo. Aunque intentes volver. Sólo encontrarás silencio y dolor. No puedes hacerle eso. Cuando más guapa está es cuando ríe. No puedes quitarle la risa de esa forma.

Lo único que puedes hacer es arrepentirte. Ella ya no quiere, aunque te siga amando. Esa inestabilidad tuya, ese no saber qué querer, es lo que le hace desear estar sola. Sola y suya.

La perdiste, idiota, la perdiste como se pierden todas las cosas que dejamos de valorar cuando las tenemos.

Ahora, déjala en paz.

Quédate tú con tu guerra y muere por quien quieras, ella tiene claro que no volvería a hacerlo por ti.

TRES MENSAJES QUE A TI NO TE HAN QUEDADO DEL TODO CLAROS:

Dejarse querer
también es de valientes.

Hay que ser imbécil
para querer cortarle las alas
a la mujer que te ha enamorado
con su vuelo.

No soy yo,
eres tú,
que eres gilipollas.

LA BOMBONERA

Me da vergüenza decírtelo
de esta forma,
porque se me llenan los poemas
de palabras tópicas y típicas
como flores, loca, guapa,
alas, mares,
Cádiz y Madrid,
Extremoduro.
Entonces invento frases comerciales
y exitosas tal que así:
estaba loca, loca de remate
y era guapa, guapa de cojones.
Pero nunca
escribí nada
sobre tu amor a las margaritas,
sobre la ropa que estrenas
y luego devuelves al Zara
o tus huidas hacia adelante,
aunque soy consciente de que titulo bien
algún poema

y lo llamo *Bombonera*
cuando quiero decir
vaya bombón era.
Y aunque a veces comemos sin tener hambre de palabras
del mismo cuenco que aquel que dijo:
en tus curvas me maté yo
nuestro lenguaje consigue ser otro
cuando nos miramos,
y nos decimos cosas como:
recibiría bombas nucleares por ti.
Pero no sé si dentro de veinte años
recordarás esta frase mía:
nos faltó bailar,
qué culpa tendrá la música…
Me da vergüenza decírtelo de esta forma
pero soy un tremendo cobarde
y solo me atrevo a pisar por donde la poesía.
Escucha:
vuelve,
o vete conmigo,

que es lo mismo que decirte:
en el poema de Bombonera
me lío con otra

pero te escribo a ti.

SOY PELIGROSO

Tienes en tu cama al amor de mi vida. Eso para empezar. Quiero que queden claras las posturas frente a esto. Yo soy el que le ha hecho daño, el capullo, el hijo de puta al que odian sus amigas, el villano, el que no se fía de Pablo Iglesias, y tú eres el salvador, el héroe, el que rescata a la princesa del castillo, el bueno de la película, aquel que todo niño quiere ser de mayor. Tienes el deber de hacer que se olvide de mí. Soy peligroso, no caigas en la reconvención nunca. Judicialmente hablándote.

¿Ves ese lunar que tiene junto al ombligo? Es mío. Es el punto exacto en su piel blanca donde empiezo y acabo yo, el cuadro que oculta la historia más bonita de Madrid, el extremo del vértice que sostiene un millón de besos. Ella ya sabe todo esto y lo sabrá siempre. Ni se te ocurra tocarlo ni preguntarle nunca por su historia, mucho menos intentar hacerlo tuyo. Soy peligroso.

Llévala los martes a escuchar poesía. Los miércoles le gusta estar en casa y pedir chino. Los jueves eran los días en los que nos hacíamos el amor hasta deshacernos los huesos. Hazlo con ella tres veces. Mínimo. Cuida su cuerpo como jamás lo he cuidado yo. Los viernes son su salvavidas. Ahí acaba la monotonía semanal con un «te echo de menos esta noche». Nunca te lo dirá. Ella nunca dice las cosas que importan. Quédate a dormir en su casa. Aunque no te lo pida, es lo único que quiere; créeme. Le gusta que la abracen fuerte, por eso de sus espasmos mientras sueña, por la espalda. Y tú debes hacerlo. Adora que le acaricien las nalgas mientras está desnuda, que le lean poemas en voz alta, y que la despierten con una buena comida de coño. Los sábados, si ella no quiere, no insistas en quedarte en su casa. Dale espacio. Yo no supe hacerlo. Déjala libre. Yo no supe hacerlo. Ella vendrá a ti cuando le apetezca. Así son las gatas. Independientemente dependientes de alguien que las cuide cuando ellas quieran. Yo no lo entendí, hasta ahora. Los domingos está depresiva; suele comer helado con las manos, leer sola en la cama, masturbarse antes de dormir y ahorcarse con un «te echo de menos». Recuerda: nunca te lo dirá. No cree en los lunes. Duerme poco.

Otra cosa. Generalmente no le gusta pasear agarrada a la mano de nadie, ni hablar de fútbol, ni los presumidos, ni los descuidados, ni las felices, ni que otras mujeres tonteen contigo. Que quede claro, tú eres suyo, aunque ella nunca va a ser del todo tuya. La mejor parte siempre se quedará consigo y no contigo. Tampoco le gustan los poetas. Ni se te ocurra escribirle. Eso ya es cosa mía y ella también lo sabe. Tiene que odiar todo lo que le escribo. Viaja bastante: Valencia-Sevilla, Sevilla-Valencia; una vez cada cuatro o cinco semanas. Recógela siempre en el aeropuerto. Sorpréndela. Le encanta.

Esto es fundamental: tienes que enamorarte de su risa. Su risa tiene que ser tu razón para vivir, los motivos por los cuales te despiertas y te acuestas cada puta noche. Un truco: descubre dónde tiene las cosquillas, así te será más fácil.

Escucha sus problemas y hazlos tuyos también. Escucha cuando se ponga revolucionaria, escucha cuando quiera matar a su jefe, a sus compañeros de clase, escucha cuando te hable sobre ella, sus frustraciones, su existencialismo... Llévale cerveza y déjala que hable. Tú escucha y aprende. No le gusta que la interrumpan.

Mira, tú nunca me vas a caer bien; eso ya lo sabemos los dos. Ni yo pretendo caerte bien a ti. Probablemente ahora mismo seas la persona a la que más odie, deteste y envidie en este mundo. Te mataría si pudiera. Te mataría por tocarla sin lavarte las manos, por besarla, por jugar con su gata, por escucharla cantar Extremo, por sentarte en su sofá y bailar en su agua... Te mataría, lo juro. A sangre fría. Mira, voy a acabar ya esto. Te propongo un trato. Los tratos, en este caso, son más bien imposiciones. Tú la haces feliz, no quiero volver a verla triste jamás, y yo te perdono la vida. Soy peligroso.

PD: Dile que aún me acuerdo.

MANUAL PARA AMARLA

Ámala cuando esté indecisa, cuando no sepa lo que quiere,
cuando no sepa que te quiere.
Ámala cuando sea tormenta,
cuando te grite y te diga que te odia,
ámala, porque no es cierto.

Ámala con valentía, tírate sin miedo
al abismo de su amor
porque ella te pondrá las alas.

Ámala cuando esté triste,
tócale los labios,
bésala
y hazla sonreír.
No existe nada más hermoso
que hacer sonreír a quien amas.
Tú
tienes que amar su sonrisa,
lo primero que tienes que amar ha de ser su sonrisa,
luego no querrás dejar de verla reír nunca.

Ámala cuando la veas desnuda, saliendo de la ducha,
cansada,
ámala cuando se ponga tu camiseta y, fumando,
se quede largo rato mirando por la ventana,
pensando en a saber qué,
en a saber quién.

Ámala borracha, ámala cuando te diga que quiere
más,
ámala por la mañana, cuando su resaca y las ganas
de acostarse,
sé tú el agua y el sueño,
sé tú el último beso antes de dormir.

Ámala,
aunque ella no te lo diga nunca,
mira cómo cierra los ojos cuando te besa,
mira cómo agarra tu mano cuando tiene miedo,
mira cómo sonríe cuando tú sonríes;
como ella te mira, nadie te va a mirar nunca.
Ámala porque es lo único
que ella va a querer de ti.

Ámala cuando quiera estar sola,
cuando se quiera libre,

deja que vuele alto y no intentes estrellarla contra tus porqués.

Déjala que llore,
no preguntes nada,
tan sólo hazle saber que estás para ella.
Se sentirá protegida.
Sé tú el escudo cuando el mundo trate de golpearla.

Hazla tuya cuando no se sienta de nadie,
enséñale que siempre será la primera,
que siempre apostarás por ella;
ámala.
Está preciosa cuando la amas.

Mírala con orgullo,
fíjate en cómo lee sus libros,
la ternura con la que se moja el dedo y pasa página,
fíjate cómo baila,
nadie es capaz de hacerlo con tanta poesía.
Mírala como si abrieras los ojos por primera vez.
Ella lo sabrá todo
y se sentirá hermosa.

Ámala con música,
hazle sentirse tu canción preferida,
sus labios serán el estribillo y tú has de besarla con fuerza,
con amor,
con un amor tan ruidoso
como un solo de guitarra.
Entonces será la canción más hermosa del mundo.

Abrázala,
ella descansará su cabeza sobre tu pecho
y cerrará los ojos,
comprenderá entonces el sentido de la palabra «Casa»
a través de ti,
de tus brazos,
bésala en la nariz,
muerde sus nudillos y sonríe,
haz que no quiera estar en otro sitio,
hazle sentirse en un mundo aparte
donde vuestro amor sea aire
y os respiréis como si fuera la última vez antes
de morir.

Ámala porque si no otro lo hará por ti
ámala;
como yo no supe hacerlo
y no te arrepientas de ello
como ahora lo hago yo.

SON COSAS QUE PASAN (III)

No lo jodas, idiota. No lo hagas porque ella te quiere. No lo hagas, porque si lo haces, ella dejará de creer en todo aquello que te ha entregado y tú has echado a perder como si fuera una moneda sin valor. Porque eres idiota, claro. O porque no sabes lo que es amarla como ella se merece. No lo jodas, porque después de ti, idiota, querrá llegar otro, otro que la querrá mucho más, la besará mucho más, la mimará mucho más, pero ella se ha convertido en una mujer a capas y se protege, y se protege porque teme que le hagan daño. Otra vez. Teme encontrar otro idiota, otro idiota como tú, idiota.

Ámala, idiota. Cuida su amor como si fuera tuyo. Que lo es. Besa sus manos como si fueran tuyas. Que lo son. Ríe con ella como reíste por primera vez. Acaricia su amor. Vive su amor. Ama su amor. No la rompas, porque una vez rota jamás volverá a bailar como antes. Siempre habrá algo de miedo en sus ojos, en su boca, en su música. Y tú tendrás la culpa de todo, idiota. Y créeme, no hay nada peor que ser culpable de hacer daño a quien te ha amado.

Mira, yo ya sé que el amor se acaba. Es la naturaleza, es aquello que nos hace humanos. Lo he aprendido a base de poemas para nadie, de te quieros para nadie, de canciones para nadie. Y un amor que se acaba no implica una herida que se abre. Esto lo he aprendido a base de cerrarme las mías. Cuidado, idiota. No le rompas el pecho, no inundes sus ojos, porque eso será algo que llevará consigo toda la vida. Pasarán los años y en un recuerdo, por pequeño que sea, volverá a acordarse de ti y su herida volverá a abrirse como los pétalos de una rosa que se ha vuelto negra. Y eso será culpa tuya, idiota. Solamente tuya. Debiste cuidarla más. Debiste abrazarla más. Debiste amarla más. Ahora es tarde, idiota.

Ojalá, alguien, me hubiera dicho todo esto hace algún tiempo. Ojalá no le hubiera hecho daño, sino cosquillas. Ojalá me perdone algún día. Te escribo para que tú nunca tengas que pedir perdón a nadie por no saber querer, idiota.

Ojalá otro te cure las heridas, mi amor.
Ojalá no sea tan idiota como yo.

EX

Cuando me dijiste
eso de «Lo nuestro es imposible, cari»,
«No eres tú, soy yo»,
«Pongo fin a esta relación porque me voy de Erasmus
a Checoeslovaquia
y ya sabes lo que pasa...»
y todas esas excusas que se ponen cuando
te apetece follar con otras personas,
yo te hice caso y lo creí todo.
Me lo bebí como un chupito de tequila,
con toda esa formalidad de sal y limón
y, sin poner caras raras,
respeté que tú fueras la que lo hacía imposible,
que no era yo, eras tú,
que tu futuro importaba,
porque en Checoeslovaquia se aprende un montonazo
de inglés,
y te dejé en paz.

Bueno, siendo sincero,
te llamé de todo en los poemas,
te borré de Facebook,
te puse dos velas negras
y llamé a la embajada de Checoeslovaquia
para decirles que tuvieran cuidado,
que eras una mafiosa peligrosa
y que no te dejaran entrar en el país bajo ningún
concepto.

No te guardo rencor, de verdad,
que te tiraras a tu ex cuando rompiste conmigo,
que les dijeras a tus amigas que la tenía pequeña,
fueron muestras de cariño y amor y yo sé que tú
me querías. Lejos. Lejos y enterrado.
Lo de mi llamada a la Embajada fue un gesto de
amistad y conciliación,
ya sabes que yo te deseo lo mejor
y que siento mucho que tu Erasmus se jodiera,
que tu ex se tirara a tu mejor amiga.
Te juro que lo siento.

Ya lo he superado todo.
Me da pena por ti,

porque no tienes ni idea de lo que te has perdido.
He madurado, no sabes cuánto,
uso desodorante y perfume cada día,
voy a un libro por semana,
he acabado la carrera con buena media,
he aprendido a cocinar,
cedo el asiento en el metro,
controlo lo de mis borracheras,
dejo propina en los restaurantes que frecuento
con otras
e incluso me ha crecido varios centímetros
(deberías informar de ello a tus amigas).

Ya ves,
soy el partidazo que nunca jugaré contigo.

No quiero presumir, claro.
Tan sólo te escribo este poema
para que veas
que, aunque me haya ido un poco mejor que a ti,
me sigo acordando de lo nuestro,
porque, a pesar de que me dejaras,
yo sé que querías quedarte,
que había un futuro conmigo

—el *spanish dream*—,
pero te fuiste, porque, como dijiste,
«No eres tú, soy yo»,
y la verdad es que tenías razón:
tú eres la ex a la que le daba miedo el amor
y yo,
yo soy la hostia.

AMOR POR ENCIMA DE TODO

Mujeres como tú,
sedientas de literatura clásica,
criticonas de poemas de alcantarilla
bañados en metáforas de alcantarilla
escritos por poetas de alcantarilla,
hacen falta para que dejen de existir tipos como yo.

Mujeres como tú,
que calzan amapolas rojas sobre gentes tristes
y malas caras artesanales,
hacen falta para atizar sonrisas
en bocas apagadas como la mía.

Mujeres como tú,
doctas en corazón roto,
técnicas especialistas en almohadas llenas de lágrimas
y lágrimas llenas de almohadas,
hacen falta para limitar a una noche y nada más
a valientes suicidas engatusadores

afines al amor por encima de todo
como yo.

Mujeres como tú,
de cien pies para arriba en hermosura,
hacen falta para arruinar egos tan enmascarados
en poesía
como el mío.

Mujeres
con ese calibre atómico de piernas en un bando,
te hacen enfrentarte al mundo cada mañana
y ganarle por paliza.

Mujeres calienta mentes como tú,
con argumentos tan poderosos como:
«Tu orgullo va a servir para que esta noche
tu lengua se quede en tu boca,
y sólo en tu boca»
hacen falta para callar voces parlanchinas-criticonas
como la mía.

Mujeres eruditas y maleducadas
que no van a misa los domingos porque han bebido

y se han corrido durante to-da la noche
bajo el pretexto de olvidar a tipos como yo
que hacen más daño que caricia,
que hacen más roto que abrazo,
son estrictamente necesarias para partirme la cara
y vender los pedazos
al peor postor.

Mujer como tú,
con un 90-60-90 de poesía,
que hizo posible lo impensable,
que lo sacó todo de donde no había nada,
es necesaria para que el mundo crea.

Mujer como tú
hace falta,
mujer como tú,
que me dijo adiós
y se fue sonriendo,
que me dijo adiós
y se fue sonriendo...

MAMITAS CULONAS

A Marta

Deberías verme.
Me he comprado una plancha de vapor Rowenta
blanca y verde
para mis camisas de lino, incluso ahora me son
cómodos el puño francés y los chaqués.
He aprendido a cocinar bistec *alla fiorentina*
y simpatizo con la idea
de comer *washoku* con el *hashi* sin sentirme estúpido.
Ayer por la tarde decidí salir a tomar café a una
terraza muy estupenda
de una nueva zona del barrio, incluso me mezclé con
gente
hasta automatizarme por un instante y me sentí como
todos,
con hipoteca e hijos, sin tener yo hipoteca ni hijos.
Deberías verme tan como todos, tan como tú me
pedías ser
—digo la palabra «Normal» sin sentir repugnancia

por el término—.
Hace poco me dijo un amigo que se alegraba
de que ya no optara por la cursilería siliconada en mis
poemas,
deberías ver cómo escribo ahora sobre chicles
de menta,
veranos en Tarifa y mamitas culonas que trabajan
de secretarias
sin cagarme en la puta madre de nadie
—aún no tengo cojones de publicar nada de eso—.
Estoy cambiando de hábitos y principios
y tú te lo estás perdiendo en otras camas
peores.

Deberías verme,
porque
la revolución
sólo
ocurre

una
vez.

INVITACIÓN HORIZONTAL PARA VIAJAR

V e t e   a   l a   m i e r d a.

REPROCHES

Me mentiste
diciéndome que volvería a verte
y huiste cargando a la espalda mis esperanzas.
Las arrojaste, sin piedad alguna,
a los laberintos de la desilusión
y les gritaste a pleno pulmón
que te habías cansado de mi piel.

Me tiraste por la borda
del barco de tu vida
a todo un mar de lágrimas
y me dijiste: «Nada».

Me dejaste con la miel en los labios
porque preferías saborearla de otras bocas
aunque hubo un día en el que juraste
que sólo querías la mía.
Me dejaste con las ganas de un adiós que sabía
a «Ojalá no te fueras»,

y con el peso del «¿Y si...?».
Y te fuiste sin responder.

Me quitaste las ganas que le tenía al amor
engañando a mi pecho con las caricias
de un «ya no queda nada para vernos».
Y tenías razón, quedaba eso:
nada.

Me echaste de tu vida
con las mismas manos,
con la misma boca
con la que una vez me pediste
que volviera a intentarte.

Mataste mi ideal del amor que salva al mundo,
haciéndome ver que el nadie, la nada,
importa más que el nosotros.

Me echaste de todos tus sueños
a la calle de las pesadillas
sin ti,
y me dijiste: «Duerme, estaré cuando despiertes».
Cuando abrí los ojos, sólo quedaba ausencia.

Me dejaste en paro el amor,
sobreviviendo con los subsidios de los recuerdos
de tu boca.

Me vaciaste el pecho con las teorías del «Estoy mejor sin ti»
y me hiciste sentir en el cuello la soga del «Ya nada es como antes»,
cuando en la práctica
sólo eras presa de la cobardía
de no querer un amor a distancia.

Me has convertido en poeta,
pero he aprendido a ligar mi dolor con la belleza,
aunque por más que se maquille mi herida,
siempre acaba sangrando.

Te creí en todo
porque decías que me querías,
y, con el tiempo,
me di cuenta de que no hay nada más peligroso
que creer en una mentira.

ELLA ES FELIZ

Ella es feliz
y ya el resto no importa.

Ahora estoy muy lejos,
andando de puntillas sobre su recuerdo,
cortándome de vez en cuando
con algún olor,
alguna imagen
que me queda de nosotros;
pero ella es feliz
y ya esto no importa.

No puedo negar que la echo de menos,
tampoco puedo decir
que ya no la siento,
a veces susurro que la quiero
pero no lo oye nadie
y las palabras vuelan con el viento;
pero ella es feliz
y ya esto no importa.

Cuando me alejo del mundo
y lo olvido todo,
vuelvo a ella
para tocar su recuerdo
como quien agarra un sueño,
y siento, por un momento,
que no la pierdo;
pero ella es feliz
y ya esto no importa.

Por quererse suya
y quererse libre
me alejé, en la distancia,
llevándome su jaula
y las cosas que nunca le dije
y subí a la montaña de la locura
y el ahogo,
sin paracaídas, con la soga al cuello;
pero sé que ella es feliz
y ya esto no importa.

Ahora creo que hice bien,
porque nadie vuela tan alto,
nadie sonríe tan huracán,

yo voy caminando como puedo
hacia otros sitios,
con otras gentes,
y me preguntan si soy feliz así,
de nada y de nadie,
y les comento
que ella es feliz
y ya mi respuesta

no importa.

TÚ O NADA

Yo no quiero dolores a medias,
tampoco amores a medida,
no quiero relaciones esdrújulas
con acento prosódico en el antepenúltimo beso.
Quiero morreos en braille
sobre tus labios de hoja perenne,
tormentos de ciprés maorí,
gritos de amor en mi Babilonia ramera.

No quiero punto final en la primera despedida,
donde acordemos pacíficamente que esta es tu libertad y esta la mía
sin arrancarme yo las entrañas o regalarme tú tus libros.
Quiero escribirnos antologías cuando nos asustemos del primer poema.

No me es suficiente el amor convencional,
detesto la flor como regalo

—yo pintaría jardines de Versalles sobre los parajes de tu coño—.
Te quiero puta, salvaje, viva y libre.

A mí no me vale el querer a risa,
yo quiero un amor a carcajada;
no me vale el calor de la llama,
yo quiero la candela que me funde las capas de platino
en la hoguera
de tus bragas.

Todo o nada:
la mazmorra del fracaso
o el Partenón de tus pezones.

Todo contigo,
nada sin ti.

MUJER HIJADEPUTA

Reivindico el derecho a una mujer
que esté dispuesta a verme
morir y reír por ella
en todos los poemas que le escribo.

Quiero una mujer que me maltrate yendo y viniendo
de sus miedos a mi cama,
tan intensa como un poema de amor de Benedetti,
que me arranque el corazón
y, como si fuera un globo,
lo suelte
y se lama los dedos mientras lo ve alejarse.
Tan fatal como un verso de Cortázar.
Una mujer que sea más que cualquier otra mujer,
una mujerdiosa,
una mujeratenea,
una mujermadrid
que sea envidiada por otras mujeres
por borracha y descarada,
«Mira lo mal que lleva el pelo esa»

—aunque tu pelo sea el que da sentido al viento—,
«Podría cerrar la boca mientras mastica»
—pero es que cada vez que la abres alguien sale
herido de muerte—.

Una mujer que me drogue hasta que llegue a llamarla
cocaína,
que me envenene con cicuta,
que me cure con mamadas,
que sea bipolar, tripolar o novenopolar,
que me lo haga duro,
y me muerda,
y me arañe,
y se ría de mis poemas romanticones,
y me diga que me estoy volviendo un flojo,
que a ella lo que le va
son los tipos malos que conquistan la ciudad
y se la dejan a los pies.

Quiero una mujer que me haga años y añicos,
que me insulte a sonrisa limpia,
y lleve más portazos a la espalda y a la cara,
que yo perdones por andar cuando debía correr,
por rendirme, cuando debía luchar.

Quiero una mujer que no me diga que me ama,
pero que no pueda contemplar un día sin mí,
quiero una mujer tormenta, viento huracanado,
que me esparza cuando me toque
en millones de partículas de ceniza,
a pesar de haber sido yo su fuego más humano.

Una mujer polvo por dentro y piedra por fuera.

Quiero
una mujer que me enseñe a escuchar la música,
a hablar cuando todos digan que debería callar,
a mirar cuando me digan que tengo que cerrar los ojos,
a prender fuego a todo aquel que esté en contra de la poesía,
a amar los galantos que tanto odio.

Una mujer defecto,
aunque con un culazo,
una mujer que no quiera encontrar el amor de su vida,
porque sabe que el amor de su vida es ella misma,
una que cuanto más libre
más guapa,
que cuanto más guapa
más suya,

que cuanto más suya
más valiente.

Una mujer ropatiradaporelsuelo,
bragasdeflores,
carminrojoputa,
una mujer ahítedejocontuspoemas
que ya te he usado demasiado
y tehedadomuchoqueescribir.

Una mujer serpiente,
con una lenguaveneno,
una mujer mayúscula,
de besos con lengua y sin número.
Una mujer que sea mi amor de una noche,
y ojalá esa noche no se acabe
nunca.

Quiero, pues,
una mujer,
como
era
ella,
y por eso sé
que no me conformaré con cualquiera.

SON COSAS QUE PASAN (IV)

Te quise, ¿sabes? Cumplí mi parte del trato. Empezamos como niños lo que sabíamos que era un juego de adultos. Qué ilusionados, qué nosotros. Tuvimos cojones, sí. Te quise con toda la fuerza que pude, llegué hasta las alturas por culpa de tus alas. Volabas cada vez que reías. Te miraba y sentía que había abierto los ojos por primera vez. Qué guapa estabas siempre. Qué cría te ponías. No te hacía falta destacar por encima de nadie, ¿sabes? Tenías eso, esa magia especial que no tiene un porqué. Todos se fijaban en ti pero yo era el único que te veía y eso me encantaba porque siempre descubría algo nuevo, algo que me pertenecía. Era mío todo el tiempo que dura un instante. Eras como un mapa y yo era el primero en encontrar tus tesoros. Siempre.

Sé que tú también cumpliste con lo tuyo. Incluso me diste mucho más de lo que esperaba. Me había acostumbrado al cariño, al amor a medias, pues nadie, ninguna mujer, me llenó el vaso entero y, a pesar de eso, yo era capaz de vaciar todas mis botellas por ellas. Tú me enseñaste que podías hacer de mi amor el sitio de tu recreo, de la sequía de mi desierto el océano donde te bañabas. Siempre estabas desnuda conmigo. Crecían flores allá donde pisabas. Eso fue maravilloso. Rompiste con todas las reglas. De la misma forma en la que se rompen las cosas cuando tenemos rabia, cuando ya no nos hacen falta. Así eras, tan tuya, tan orgullosa; y cómo amabas, cuánto eras capaz de dar sin pedir nada.

Fue difícil aceptarlo. No era capaz de asumir que tu barco ya no navegaba junto al mío. Aquí no paraba de llover y nadie, absolutamente nadie, era capaz de hacer que no me calara. Nos acabamos como se acaban las cosas por las que ya no tienes fuerza para luchar. Perdimos la revolución pero nunca dejó de sonar la música.

Te veo. Hay veces que te veo en otra mujer. Después de todo; después de tantas. Sigues estando igual de guapa que el primer día. Sigo queriendo sacarte a bailar. Aunque nuestro baile ya no sea el mismo, no he sido capaz de encontrar mejor pareja. Eres la mujer de la vida de otro, sí, pero no morirás por nadie como lo hiciste por mí.

Este recuerdo es tuyo, esta canción es nuestra.
Feliz vida.

QUIÉN

Otra vez te ha salido mala la jugada,
otra vez pierdes teniendo el as bajo la falda,
y te preguntas que hasta cuándo...,
que hasta quién...
Quién será capaz de hacer de tu invierno verano,
quién hará el postre y la cena,
quién te va a aguantar cuando te caiga el mundo
encima,
quién te va a decir que no estás sola,
que te entiende
y te quiere,
que ambos sabéis que todo va a ir mal
pero que él no se va,
que él se queda para hundirse contigo hasta el lodo,
hasta que el agua os cubra,
que no le importa dejar de respirar
si es a tu lado.

Crees no aguantar otra derrota
cuando alguien se te acerca con ganas de batalla,

y te das por vencida después del primer polvo,
y te dices que darse por vencida también es de valientes,
y vuelves a tu cama,
a tu cama sola,
con tu gato
y tus libros,
y te enamoras de un verso antes que de una boca.
Porque tú eres así,
te has convertido en acero
y no te fundes en cualquier mano que caliente
un veinte de agosto;
tú eres así,
solamente quieres la soledad y el dolor
que deja el final de un poema,
y aceptas creer saber que no eres para nadie,
porque el desastre siempre fue cosa de uno;
la ropa en el suelo,
el café
y la literatura,
siempre fueron cosa de uno;
pero el amor está para eso mismo,
para hacer que las cosas de uno
sean cosas de dos y viceversa.

Te has ilusionado demasiadas veces
con un error que creías acierto,
te has equivocado en el dos más dos
creyendo que eras la única que conocía la respuesta,
te has tropezado con las mismas piedras
que dejaste en tu propio camino
cuando intentabas volver por tus pasos,
por tus pasos para buscarte,
porque sabes que ahora eres tu pasado,
sabes que eres todos los sitios donde
una vez fuiste feliz,
todas las personas con quienes una vez fuiste feliz,
e intentas regresar, pero no puedes,
no puedes porque no tienes fuerzas
para enfrentarte de nuevo contigo,
y te quedas tirada en el suelo, caída,
y te duele el costado y las rodillas,
y no puedes levantarte,
y esperas ahí
—tú siempre esperas—
a que alguien venga con una mano
y que se convierta en ese «Quién»
que hace verano,
que hace el postre,

que hace la cena,
que hace el otro brazo cuando lo del mundo,
que se tira contigo
y, lo más importante,
que se tira
por ti.

MIENTRAS SEAMOS JÓVENES

En este atrápame si puedes
fuimos lo que el viento se llevó.
Volamos con faldas y a lo loco
cantando bajo la lluvia,
que no importa la distancia,
que Manhattan puede ser Casablanca,
que Philadelphia Múnich
si hay un motivo para querernos.

Nunca nos importaron sobremanera
las razones del amor,
fuimos los besos de nuestro último verano,
vimos la muerte entre las flores,
y al secreto de tus ojos
le pusimos el nombre de la rosa.

Nos dejamos llevar por los juegos del hambre,
nosotros que siempre fuimos comida,
fuimos un paseo para recordar

antes del amanecer,
sufrimos las luces de ciudad
y, en la mañana,
desayunamos con diamantes.

Tú me pedías fast,
yo te lo hacía furious;
había algo de Nymphomaniac en tu forma de mirarme.
Me besabas con tu lengua de mariposa
y decías que ir en busca de la felicidad
ahora carecía de sentido,
que nunca me ofrecerías la vida en rosa,
sino en el color de la granada,
un Moulin Rouge
capaz de ser mi pena de muerte.

Nunca vimos la medianoche en París,
tampoco tenemos memorias de África,
los amantes del círculo polar
descubrieron el reino del hielo
antes que nosotros;
pero, en cambio,
nos atrevimos a bailar con lobos,
a ser la isla mínima,

un Titanic que siempre salía a flote,
un Pearl Harbor capaz de cumplir esta misión imposible.

Ahora o nunca, dijiste,
y volamos sobre el nido del cuco
aunque tuviéramos las alas rotas
y trescientas,
o casi trescientas,
promesas que cumplir.

No me olvides, me dijiste,
recuérdame
en estos relatos salvajes,
ahora es tiempo de valientes,
abre los ojos,
se ha abierto la ventana indiscreta,
la voz dormida suena más que nunca,
amar peligrosamente es nuestra razón de ser
y aquí huele a perfume de mujer
aunque estemos a tres metros sobre el cielo.

Te escribo este poema de salvación,
este réquiem por un sueño,
este despertar de las gárgolas,

pues ya no te puedo olvidar:
tu boca Pulp Fiction,
tus manos Kill Bill,
tu dulzura Amelie.
Cuando el día de mañana
alguien te diga que estás perdida,
que ya no hueles tan Annie Hall como antes,
recuerda todo este
retorno al pasado,
recuerda que aún vivimos bajo la misma estrella,
y no olvides lo que construimos
en un memento;
grítales a todos «¡Qué bello es vivir!»
aunque esté lejos de ti,
perdido por el club de los poetas muertos,
o tal vez en la ciudad de Dios,
acordándome con melancolía
de cómo aquella gata sobre el tejado de zinc
pasaba las horas
con un atrevimiento American Beauty
y un colocón Transpoitting.

Antes de que el diablo sepa que he muerto
les hablaré a de ti

—tú que eres todos los días de mi vida—,
a los hijos de los hombres,
a los descendientes,
y les diré que somos la leyenda de este poema
que seguro, seguro,
ellos quemarán después de leer.

Madrid, 1987.
PD: Te quiero.

NO ME OLVIDES

Para la mujer que me ha enseñado que no te hacen falta alas para volar.

Para la mujer que ha gritado libertad cuando todo eran cadenas.

Luego vino la revolución de la risa y las manos manchadas de flores

y tú, entera, fuiste un jardín de rosas.

Y así fue como conquistamos el mundo: pétalo a pétalo.

Después de escribirte el último poema, cerraré los ojos y serás lo primero que vea.

Te disfrutaré como a un buen ron añejo.

Cuando los abra, te habré olvidado para siempre.

Probablemente, esta podría ser la carta que no te he enviado nunca.

No fue el mensajero, fuimos nosotros los que llegamos tarde.

Quiero que sepas que es para ti, donde quiera que estés, con quien quiera que me hayas confundido.

Este es nuestro final y no hay nadie aplaudiendo porque aunque la película haya sido una obra de amarte, hemos sido unos pésimos actores.

Vivimos la historia más bonita de Madrid, sí. Pero la historia es eso, historia. Y el pasado es eso, pasado.

Quisimos ser inmortales a pesar de tener la muerte pisándonos los talones.

Qué locura, qué dulce locura la de correr con los ojos cerrados.

Nunca te vi bailar, pero amo la música gracias a ti.

Te escuché reír y ese fue uno de los mejores momentos de mi vida.

Me has convertido en esto que soy y yo te lo agradezco de la peor forma que puedo hacerlo: con palabras y sin piel.

La calle fue nuestra y nos sobraba asfalto, hasta que vino el golpe en el cual tú echaste a volar y yo empecé a hundirme.

Este adiós tiene más de valiente que de triste.

No me olvides o, dicho de otra forma, recuérdame siempre. Eso será lo único que podremos hacernos.

Tú quédate con lo mejor,

¿vale?

No quiero en mi vida
personas que no
me quieran en la suya.

DESENLACE DE UN LIBRO DE AMOR

Escribo este libro
porque no sé fabricar bombas nucleares
y, después de todo,
algo tendré que lanzarte.

SIEMPRE NOS QUEDARÁ MADRID

Me quiero porque, como ya lo dije un día:
soy la persona con la que, realmente,
me quedaré toda la vida.

CRISTINA M.

Yo,
perdonen mi egolatría de primera línea,
yo,
tuve en mí a la mujer más hermosa del mundo.

Estaba dentro,
como una taquicardia, jugaba con el aire de mis pulmones,
devastaba a base de indecencias los recuerdos de otras,
se posaba como un águila sobre mis veintitrés costillas
y presumía de que era la única capaz de volar
en todo mi vacío.

Con ella dentro,
yo fui un centurión con un casco de firmeza,
toda mi sonrisa rozaba la plenitud de una verdad universal,
solamente con pronunciar su nombre de luz
se alumbraba toda la oscuridad que había en mí.
Ella me enseñó a escribir sobre ruinas y polvos
en todos aquellos muros que antes no era ni siquiera capaz de enfrentar.
Me besaba y se me llenaba la boca de libertad.
Yo,
que viví mi infancia entre cadenas,
odiando galantos y flores cachicuernas
que siempre me trajeron recuerdos de tiranía,
de una voz dictatorial que me impedía ser feliz,
una tormenta a diario
que escupía cientos de palabras que duelen tanto
como el odio de un padre alcohólico.
Yo,
por ella,
empecé a amar todas las flores de la primavera.

La amaba como si fuese algo que nació de mí,
un poema, una lágrima
o un suspiro.
Ella entera fue todo eso y, en el fondo,
tampoco volamos tan alto ni caímos tan bajo.
Mi amor,
qué corta se veía la eternidad desde tu hombro,
qué largo se hacía el centímetro cuando hablábamos
de distancias.

La veneraba como a una ninfa,
fue la musa de todos los versos que escribí,
mi deidad,
de la que nacía toda esa mitología de versos
que no representaban más que mi forma de decirle
todas las cosas que no le dije nunca.

Ahora, mi amor,
te escribo por no llorar.
Te imploro que me cuelgues antes de irte
el cartel de «Roto» en el cuello,
y a ver qué otras manos tienen cojones de arreglarme
sin que me acuerde de ti.

He muerto de esperanza, mi amor,
y a pesar de todas tus razones,
tienes un «Vuélveme a salvar» precioso en la boca.
Te juro que oírte decir eso
sería suficiente para comerme el mundo por ti.
Nunca te confesé que estabas preciosa fumando,
supongo que es algo que sabes que acabará
matándote.
Nosotros fuimos algo parecido,
hablábamos mucho y a veces nos decíamos muy poco.
Por eso hemos muerto el uno por el otro
en diferentes camas,
con peores compañías.

Ahora, cuando me preguntan qué fue de nosotros,
no agacho la cabeza
sino que presumo de ti como la herida que más me
enorgullece.
Los miro a los ojos,
me señalo el pecho y les digo:
«Aquí ha vivido una leona».

Ahora, ya no sé dónde acabo yo y dónde empiezas tú,
tengo que escribir todos tus poemas en pasado
porque no estás en mi presente,
Ahora te digo adiós
y siento cómo se me sale todo el corazón por la boca
para irse contigo,

y sé que algo de mí se va a perder para siempre

en cuanto acabe estas líneas,

pero, créeme, pagaré el precio que sea necesario

con tal de verte volar.

LA VUELTA AL MUNDO EN 21 MUJERES

Querida mamá,
me enamoré de ti antes de saber decir te quiero.

Querida Lori,
aún te veo corretear por el patio con tus
trencitas al aire,
tu vestidito azul y tus gafitas de culo de botella.
Aún sigo corriendo detrás tuya, buscando mi
primer beso.

Querida vecina,
eras demasiado mayor para mí, me decías,
pero mis ojos no tenían edad y juro que tu
escote no tenía límite.

Querida Diana,
no podía casarme contigo.
Tenía once años.
Ni siquiera me habían salido pelitos ahí abajo.

Querida Irene,
cuando perdimos la virginidad en aquel descampado,
todos los cardos, anacardos y demás plantas silvestres
que nos pinchaban las rodillas y el culo,
se convirtieron en rosas, girasoles y tulipanes.

Querida Raquel,
cada vez que te veía a la salida de insti,
olvidaba todo lo que había aprendido en las clases
y te memorizaba a ti.

Querida Mónica,
debiste depilarte.

Querida Sara,
el amor que tú me enseñaste
era tan clásico como un pantalón de campana rosa
y tan vulgar como hacerte un dedo en un banco del
parque.

Querida Noelia,
tú no besabas, tú parabas el tiempo con los labios.

Querida Sandra,
porque tenías esa manera tan poética de mover el culo
con cualquier canción de *reggaeton*.
Por eso.

Querida Marta,
lo que tú hacías con la boca en los asientos traseros de
tu coche
era digno de Óscar, materia de estudio,
y asesinato en primer grado.

Querida Candela,
gracias, Candela G. A.;
contigo empezó todo.

Querida Julia,
nunca te escribí un poema por puro egoísmo,
pues no quería que alguien se enamorara de ti.

Querida Noelia,
ojalá soluciones tus problemas de espalda.

Querida Iulia,
me enseñaste que la vida cobraba sentido
cada vez que te ponías a cuatro patas.

Querida Nadie,
el día que dejes de mirarme, me volveré ciego.

Querida chica del metro que veía todas las mañanas
de camino a la Universidad,
ya he acabado la carrera, pero me pasaría otros cinco
años mirándote.

Querida futura novia, (alias Bomboncito),
no me quieras por lo que digo en los poemas que
escribo,
quiéreme por lo que callo cada vez que cenamos con
tus padres
o entramos al Zara.

Querida futura novia 2 (alias Gordita),
a ti te quiero más que a la de antes.

Querida futura novia 3 (alias Ternurita),
Dani Martín no es rock and roll
y yo soy mucho más *fan-girl* de Alejandro Sanz que tú.

Querida futura novia 4 (alias Cuxi-Cuxi),
me recuerdas a alguien.
Ah, sí,
a todos los tíos que te has follado mientras me jurabas amor eterno.

Querida mujer de mi vida,
ni sumando a todas las anteriores,
llegarían a la mitad de lo que eres tú.

Querida mamá,
la mujer de mi vida sonríe igual que tú. Me recuerda al amor que tú me diste. Me cuida, y eso es muy importante, mamá. Sabe estar para mí cuando lo necesito y, de los dos, ella es siempre la columna. Ha descubierto mi secreto, mamá. Me acaricia el pelo de la misma forma tierna en la que me lo acariciabas tú. Sabe todo lo que soy capaz de dar por la mujer que amo —eso lo aprendí de ti— y lo quiere, lo absorbe todo y nos vivimos como si no tuviéramos final. Eso es lo que la hace ma-

ravillosamente guapa. Me ha enseñado a no tener miedo, mamá. Qué valiente fue conmigo. Ojalá la hubieras conocido. Ojalá hubieras estado con nosotros el día que tuvimos la ceremonia en el jardín. Si la hubieras visto de blanco, mamá, te habrías enamorado tú también. Espero que estés bien, allá arriba. Siempre le hablo sobre ti y eso le encanta. Ahora no debes preocuparte. Estoy en buenas manos. Le he entregado todo lo que tenía. Lo hice tal y como tú me enseñaste, el legado que dejaste en mí se lo estoy entregando a ella; y cómo lo cuida, cómo lo mima. Es la mujer de mi vida, mamá. Confía en mí, esta vez saldrá bien. Nos vemos pronto, vieja. Te echo de menos y ahora que al fin he aprendido el valor de decir «Te quiero», veo cómo de corta se te quedaba la palabra.

EPÍLOGO

EL VIAJE

Un aniversario siempre celebra el pasado. Es triste, porque señala lo que ya no existe, pero también esperanzador, porque lo que somos es el resultado de toda aquella nostalgia.

Hace diez años, cuando yo tenía treinta y muy muy pocos conocí a un chico que tenía veintinada. Se llamaba Miguel, o más bien le llamaban así, porque él se esmeraba en explicar que su verdadero nombre era George Mihaïta.

Yo apenas llevaba unos pocos años en el mundo editorial y me acababa de inventar una colección de poesía que nadie se creía en una editorial en la que casi nadie me conocía; él no tenía ni idea de escribir libros ni había publicado nada más allá de unos pocos tweets con poemas, que a mí me habían flipado.

Ese chico tenía algo natural, y no era la lengua, porque, aunque hablaba un castellano casi perfecto, de vez en cuando alguna estructura demasiado artificiosa o un conector le fallaba y delataba que no era su idioma natal. Tenía un talento que le salía por la mano como a otros les sale el baile por los pies o el tono adecuado por la garganta: salvaje, sin pulir, pero con la fuerza de lo que nace de entre las grietas del suelo.

Sus versos eran todos subrayables, claims, marketing emocional y visceral, frases de una especie de Don Drapper con el imaginario de un chiquillo de Leganés: mucho menos sutil, muy afilado, muy rebelde, muy divertido y muy encantado de molestar. Ese chico tenía que escribir un libro para mi colección recién estrenada. ¿Qué podía salir mal?

Seguro que hubo muchas cosas malas, mejorables o desagradables de esos años. Seguro. Pero yo no me acuerdo. De lo que no logro deshacerme es del recuerdo de la emoción que supuso para mí —y sé que para él— esa aventura de la que nació este libro. Bueno, no, este no. De la que nació la primera versión de *Con tal de verte volar*.

Han pasado diez años, muchos miles de ejemplares vendidos y muchos otros libros que hemos compartido, luchado y disfrutado. Miguel ya tendrá más o menos mi edad de entonces, y yo, pues imaginad...

Me siento feliz de mirar atrás y ver que ese chico que se presentó inesperadamente a la primera reunión sin avisar acompañado de una conocida presentadora de televisión (Marisa) como la Piquer con su madre, ha crecido en todos los aspectos y ha querido mirar a aquella versión de sí mismo con amor y con respeto a través de este libro que tantas alegrías nos ha dado. Lo ha revisado minuciosamente en esta edición especial para que todo lo que es el Miguel de hoy se plasme en aquel que fue un día. Para regalar lo mejor de ambos a sus lectores.

Este libro es una versión actualizada del primero, con ajustes, con cambios sustanciales e incluso con algunas supresiones e inclusiones de poemas. Yo me he limitado a mirar. Mirar cómo alguien, de algún modo, desde el presente, edita su pasado a través de estos textos. A mí me encantaría poder hacer lo mismo con algunos episodios de mi vida. No con el que me conecta a *Con tal de verte volar* ni a Miguel. Ese lo mantendría siempre como en la primera edición.

Miguel y yo somos hoy el resultado de toda esa nostalgia —confío en no haberme excedido en la dosis a lo largo de estas líneas—, de estos 10 años que celebramos con cada página de este ejemplar. Pero, cuidado, solo estamos parando para echar la vista atrás. Este aniversario solo es el principio del siguiente viaje.

Mónica Adán
Editora Aguilar

AGRADECIMIENTOS

A mis padres, por seguir luchando.

A Eduard, por seguir recordándome el significado de la risa, por seguir dándome un motivo. Más vale que siga publicando libros porque te voy a dejar mi herencia.

A mis abuelos, por su amor pasado y presente. Me jode que todavía no hayáis visto un libro mío en rumano, pero es lo que hay.

A Rafael, por abrirme la puerta de la poesía. Te sigo admirando desde la distancia.

A Candela, a Saray, este poemario fue para vosotras. Espero que estéis ok.

A mis amigos, por no dejarme caminar solo. Aunque ya estemos lejos, gracias.

A Marisa, por hacerme soñar desde el principio.

A Mónica Adán, por cumplir este sueño que nunca tuve. Es lindo lindo lindo.

A ti, querido lector por volar conmigo durante diez años. Gracias a ti dejé los bares y me hice escritor.

Miguel Gane (George Mihaita Gane), nació el 20 de julio de 1993 en Leresti, Rumanía. Es uno de los poetas más reconocidos de su generación, autor de los exitosos poemarios *Con tal de verte volar*, *Ahora que ya bailas*, *La piel en los labios*, *Ojos de Sol* y *Puedes hacerme lo que quieras*, así como de la novela *Cuando seas mayor*. Su obra tiene cientos de miles de lectores en España y Latinoamérica.

miguelgane.com
miguelgane
MiguelGanePoesia
@miguelgane

ÍNDICE